AF261798

LES ORAISONS FUNEBRES

DE TRES-HAUT,
TRES-PUISSANT, ET TRES-EXCELLENT PRINCE
MONSEIGNEUR
LOUIS DAUPHIN;

MORT EN MDCCXI.

ET DE TRES-HAUT, TRES-PUISSANT
ET TRES-EXCELLENT PRINCE
MONSEIGNEUR
LOUIS DAUPHIN,

ET DE TRES-HAUTE, TRES-PUISSANTE
ET TRES-EXCELLENTE PRINCESSE
MARIE-ADELAIDE DE SAVOYE,
SON EPOUSE.

Par M. L'Abbé DU JARRY.

A PARIS,

Chez NICOLAS PEPIE, ruë Saint Jacques, audessus
de la Fontaine Saint Severin, au Grand Saint Basile.

***

MDCCXII.
Avec Approbation & Permission du Roi.

AVERTISSEMENT.

L'AUTEUR *de ces deux Discours, avoit été nommé par le Roi, pour prononcer le premier aux Invalides ; comme on le pourra voir par les endroits propres à cette Royale Maison, qu'on trouvera dans la Piece. Plusieurs raisons avoient fait differer la prononciation au jour de l'Annuel ; mais les nouveaux sujets d'affliction qui sont survenus, ayant demandé l'attention du Public pour d'autres Discours, ont rompu les mesures prises : Cependant des Personnes éclairées, ayant vû cette Oraison Funébre, ont crû qu'elle devoit être donnée au Public, & pour la faire recevoir plus favorablement, L'Auteur y a joint celle de Monseigneur le Dauphin & de Madame la Dauphine.*

APPROBATION.

J'AY lû par ordre de Monseigneur le Chancelier, ce Manuscrit intitulé, *Eloges Funébres de Monseigneur le Dauphin*, mort en 1711. Et de Monseigneur le Dauphin, dernier mort, & de Madame la Dauphine ; & j'ai trouvé ces deux Ouvrages dignes d'un ~~Orateur~~ Chrêtien. Fait à Paris, ce 26. May 1712.

HOUDAR DE LA MOTTE.

PERMISSION DU ROY.

LOUIS PAR LA GRACE DE DIEU, ROY DE FRANCE ET DE NAVARRE; à nos Amez & feaux Confeillers, les Gens tenans nos Coûrs de Parlement, Maître des Requêtes ordinaires de notre Hôtel, Grand Confeil, Prevôt de Paris, Baillifs, Sénéchaux, leurs Lieutenans Civils, & autres nos Jufticiers qu'il appartiendra: SALUT. Notre Amé le S^r *** Nous aïant fait fupplier de lui accorder nos Lettres de Permiffion, pour l'impreffion des *Eloges Funebres de Monfeigneur le Dauphin, mort en 1711. & de Monfeigneur le Dauphin dernier mort, & de Madame la Dauphine*: Nous lui avons permis & permettons par ces Prefentes, de faire imprimer ledit Livre, en telle formé, marge & caracteres, conjointement ou féparement, & autant de fois que bon lui femblera, & de le faire vendre & débiter par tout le Roïaume, pendant le tems de huit années confecutives, à compter du jour de la datte defdites préfentes: faifons deffenfes à tous Imprimeurs, Libraires, & autres perfonnes de quelque qualité & condition qu'elles foient, d'en introduire aucune impreffion Etrangere dans aucun lieu de notre obéïffance, à la charge que ces Prefentes feront enregiftrées tout au long, fur le Regiftre de la Communauté des Imprimeurs & Libraires de Paris, & ce dans trois mois, de la datte d'icelles, que l'impreffion dudit Livre fera fait dans notre Roïaume & non ailleurs, en bon papier, & en beaux caracteres, conformement aux Reglemens de la Librairie; & qu'avant que de l'expofer en vente, il en fera mis deux Exemplaires dans notre Bibliotheque publique, un dans celle de notre Château du Louvre, & un dans celle de notre tres-cher & feal Chevalier Chancelier de France, le Sieur Phelypeaux de Pontchartrain, Commandeur de nos Ordres; le tout à peine de nullité des Prefentes, du contenu defquelles, VOUS mandons & enjoignons, de faire joüir l'Expofant ou fes aïans caufe, pleinement & paifiblement, fans fouffrir qu'il leur foit fait aucun trouble ou empêchement; Voulons qu'à la Copie defdites Prefentes qui fera imprimée, au commencement ou à la fin defdits Livres, foi foit ajoûtée comme à l'Original. Commandons au premier notre Huiffier ou Sergent, de faire pour l'execution d'icelles, tous Actes requis & néceffaires, fans demander autre permiffion, & nonobftant Clameur de Haro, Charte Normande, & Lettres à ce contraires: CAR tel eft notre plaifir DONNE' à Verfailles le douziéme jour du mois de Juin, l'an de grace mil fept cent douze & de notre Regne le foixante dixiéme. Par le Roi en fon Confeil.

DE SAINT HILAIRE.

Regiftré fur le Regiftre N° 517. de la Communauté des Imprimeurs & Libraires de Paris, page 477. N° 543. conformement aux Reglemens, & notamment à l'Arrêt du 13. Août 1703. à Paris ce 16. jour du mois de Juillet, 1712. Signé, L. JOSSE, *Syndic.*

ORAISON FUNEBRE
DE
MONSEIGNEUR
LOUIS DAUPHIN.

Tolle Filium unigenitum quem diligis Ifaac.... & offeres eum in holo-
cauftum fuper unum montium quem monftravero tibi. Genef. cap. 22.

Prenez votre Fils unique que vous aimez, Ifaac.... & vous me
l'offrirez en holocaufte fur une Montagne que je vous montrerai. *Dans*
la Genefe, chap. 22.

I N S I Dieu parla autrefois au Pere des
Fideles Abraham, lorfqu'il voulut
éprouver fa foi & fon obéiffance, lors,
dis-je, que pour laiffer à tous les fiécles une éclatan-
te figure du Sacrifice de fon Fils unique, il dit à

A

ce Patriarche les paroles que vous venez d'entendre. Ne semble-t-il pas, MESSIEURS, que le même commandement vient d'être fait à un Roi, qui a reçû les benedictions des Patriarches comme il en a la Religion : Il a été le Sacrificateur de son Fils unique par sa soûmission aux ordres du Ciel ; le sang de la Victime n'a pas coulé sur la Montagne, mais le sacrifice a été consommé. Un autre Isaac par son obéïssance a monté lui-même sur le lieu funeste marqué pour sa mort. Un Pere auguste & digne d'être appellé comme Abraham, le Prince de Dieu, n'a pas levé la main sur son Fils, mais il a adoré ce Dieu qui a frapé cette tête si chere, ce Fils unique, la tige de sa nombreuse posterité, & dans lequel il a été beni des Peuples ; ce Fils l'heritier de sa gloire, l'apuy de son Trône, le seul & précieux gage de l'amour d'une vertueuse Epouse, qui ne fut pas moins selon son cœur, que ce Fils bien-aimé qu'il vient de perdre : *Tolle filium tuum unigenitum quem diligis, Isaac.*

Mais ces mêmes paroles, si convenables à l'auguste Pere de notre Prince, ne semblent-elle pas s'adresser encore à la France desolée, qui pleure le Fils unique de son Roi comme le sien propre ; Mere glorieuse de tant de Princes, destinez à porter la Couronne ou à la deffendre : Je t'avois donné ce Dauphin, tes délices & ta gloire, la vive Image de LOUIS LE GRAND, & de la glorieuse Therese, sous qui tu esperois de voir renouveller le Regne florissant de ton Monarque : mais les pechez de ton Peuple ont pouffé un cry qui eft venu jufqu'à moi! pour fléchir ma colere, & pour éprouver ta foi: Je te demande aujourd'hui cette grande Victime; prend ce Fils unique dans le fein paternel, conduis-le par ta foûmiffion à mes ordres fur la montagne, & jufqu'au pied de l'autel où je veux que tu me l'offre en holocaufte. *Tolle filium tuum unigenitum, &c.* Elle a obéï, Seigneur, elle a reçû de votre main miféricordieufement fevére, ce coup fenfible dont vous l'avez frappée auffi-bien que fon Roi. Mais permettez-lui de fe plaindre par ma bouche, & d'emprunter ma trifte voix pour faire éclatter fes gemiffemens.

En effet, qu'attendez-vous de moi, MESSIEURS, dans cette Ceremonie funebre; vous me demandez fans doute des gemiffemens plutôt que des paroles; vous venez pleurer avec moi; vous voulez que je pleure avec vous, & que nos larmes réûnies fur le tombeau de notre Dauphin, faffent aujourd'hui fon éloge; Parlez-donc en ma place Prophete facré, qui femblez gemir plutôt que parler dans les Livres faints; animez mon difcours de cette trifte harmonie qui foûlage la douleur en l'excitant. *Appellons à cette Ceremonie celles dont la voix pouffe les hauts cris dans le deüil des funerailles : Faifons retentir l'air de nos cris & de nos plaintes, parce que la defolation a rempli la Ville. Que toute marque de joye a ceßé dans les Places, qu'on a plus entendu la voix de l'Epoux & de l'Epoufe; que la fille de mon peuple a oublié fa parure, & que le deüil general bien plus dans les cœurs que fur les vê-*

temens, demande moins nos loüanges que nos larmes.

Ne vous étonnez - donc pas, si je viens r'ouvrir une plaïe que nous devrions ce semble laisser
fermer au tems, le souverain remede des grands
déplaisirs : notre douleur a suspendu ses gemissemens jusqu'à ce jour, pour éclatter sur un thea-
tre, digne du triste sujet qui la cause : C'est un
tribut Religieux & Militaire que nous rendons à
le mémoire de notre Prince, pour ces pieux guerriers, à qui de glorieuses plaïes ne permettent plus
que de lever leurs mains suppliantes au Ciel. Puisse notre foible voix répondre à leur zele & à la sain-
teté de ce lieu, *vrayement terrible*, & sacré monu-
ment immortel consacré à la Religion & à la valeur, azile auguste que la piété de LOUIS LE
GRAND a pris soin de préparer à ces Victimes
de leur fidelité pour leur asseurer un repos illustre,
& une mort sainte à la fin de leur course.

C'est donc à la vûë de ces Autels où le sang de
l'Agneau sans tache va couler invisiblement, que
nous allons répandre nos plaintes & nos larmes.

Il est vrai, Seigneur, vos dons multipliez nous
laissent de quoi reparer notre perte, & l'appuy de
notre esperance est substitué par un autre. Mais
Seigneur, nous esperions joüir de tous vos bienfaits, & nous ne voulions rien perdre de ce que vous
nous avez donné : partagez entre des desirs contraires, nous craignions de voir le Pere descendre
du Trône dont le Fils nous sembloit si digne, &
dans le combat de nos souhaits, nous vous deman-

dions ou des Couronnes pour toutes ces têtes précieuſes que vous nous avez données, ou une ſuite
de regnes heureux pour chacune d'elle : l'impitoïa-
ble mort vient de tromper nos eſperances en rom-
pant la chaîne de cette glorieuſe poſterité, votre benediction & notre gloire, le preſent qui nous affli-
ge, nous cache l'avenir qui nous conſole, & le
coup dont nous ſommes frapez, nous fait preſque
oublier vos graces parmi vos rigueurs.

Revenons donc aux triſtes paroles qui ont ou-
vert l'entrée de ce Diſcours : *Tolle filium tuum uni-*
genitum quem diligis, Iſaac. Pleurons ſur une Victime précieuſe immolée par la main de Dieu, dans
le cœur d'un Pere religieux & ſoûmis à ſes ordres :
Offrons à Dieu cette même Victime que ſa juſtice demande à l'amour & à l'obéïſſance des Peuples ; ce ſera le ſujet de cét Eloge, où le cœur par-
lera bien plus que l'eſprit : mais purifions l'encens
que nous offrons ſur les Autels : Tremblons à la
vûë des jugemens du Seigneur, en eſperant dans
ſes miſéricordes infinies, déplorons des foibleſſes
humaines en loüant des qualitez heroïques, & que
la verité, & la Religion guident notre zele & notre
reconnoiſſance en faiſant l'Eloge & en déplorant
la perte de TRES-HAUT, TRES-PUISSANT,
ET TRES-EXCELLENT PRINCE LOUIS
DAUPHIN.

DIEU donne les Princes & les Rois dans ſa
colere comme dans ſa clemence, il forme les

uns, pour être les fleaux des Peuples, & les autres pour faire leur felicité. Cette conduite differente du Souverain des Rois parut visiblement dans les deux caracteres si opposez de Salomon, & de Roboam son fils, dont l'un fit la gloire d'Israël, l'autre fut la cause de sa division & de sa ruine. En effet, après que le Roi pacifique eut achevé l'édifice du Temple, & l'eut consacré par le sang de mille victimes, Dieu touché de sa religion laissa au choix de ce Prince tous les biens qui pouvoient être l'objet de ses desirs : mais guidé d'avance par la sagesse qu'il demanda, il la reçût aussi *profonde & aussi infinie que la mer l'est dans ses sables & dans ses abîmes :* le Peuple qu'il gouverna fut si heureux sous son regne, qu'il mérita d'être la figure de la Nation choisie, associée au bonheur de Dieu même. Tout au contraire de Roboham son fils, qui au lieu de suivre les sages conseils des Vieillards, s'étant abandonné aux avis imprudents de ses jeunes flateurs, fit soûlever son Peuple gemissant sous le joug de sa dure domination.

Nous n'avions rien de semblable à craindre, MESSIEURS, LOUIS LE GRAND, comparable par tant d'endroits au fameux Salomon, a eu cét avantage sur lui, que la sagesse qu'il a reçûë du Ciel en partage, avoit passé avec son sang dans son auguste Fils. La France élevée au comble de la gloire sous le Regne de son Monarque, avoit lieu d'attendre une parfaite felicité sous celui de son DAUPHIN. Dieu a trompé nos espérances, & il a fait le ſujet de nos larmes de celui qui devoit être le ſujet de notre joïe.

Parmi les triſtes évenemens que l'hiſtoire pleure & qui demanderont des larmes à tous les ſiécles : Il n'en eſt guéres de plus touchant que la mort avancée de ces jeunes Princes, en qui le Ciel ſemble n'avoir raſſemblé les qualitez des Heros, que pour les montrer & les faire regretter au monde, & qui ajoûtent à la fragilité des grandeurs humaines la courte durée de leur vie. La douleur de leur perte augmente le prix & l'admiration de leur vertu, la rapide viteſſe avec laquelle ils ont paſſé dans la figure du monde, laiſſe une plus vive impreſſion de leur mérite ; on r'appelle les plus beaux traits des vies illuſtres, pour les prêter à la leur, & l'imagination qui paſſe quelquefois les bornes des forces humaines, va non ſeulement au-delà de ce qu'ils auroient été, mais quelquefois au-delà de ce que les hommes peuvent être.

Il n'en eſt pas ainſi du Prince dont nous pleurons la perte, s'il n'a pas vécu aſſez pour nous ; on peut dire qu'il avoit vécu aſſez pour lui ; puiſque ſans nous égarer dans les ténébres d'un avenir incertain, pour y chercher les brillantes couleurs de ſon portrait, nous le trouverrons dans l'hiſtoire de ſa vie, trop courte à la verité pour notre bonheur, mais aſſez longue pour ſa gloire.

Mais ne perdons pas de vûë le ſacrifice dont je viens vous renouveller l'image : Dieu qui vouloit purifier la vertu d'Abraham par la plus grande des

épreuves , en lui commandant d'immoler son Fils,
rassembla tout ce qui lui en pouvoit rendre le Sacrifice douloureux. *Vous m'offrirez en holocauste*, qui
Seigneur , *votre Fils* : Ce n'est pas assez , *votre Fils
unique* , encore plus , *votre Fils unique que vous aimez* :
Et pour enfoncer le trait de la plus vive douleur
jusqu'au fond de ce cœur paternel : il lui nomme
ce Fils : Enfin , pour mettre le comble au mérite de
sa foi & de son obéïffance , il lui commande de con-
duire ce Fils sur la Montagne & de l'immoler, *Tolle
filium*. . . . . . . C'est cette image cruelle avec ce qu'elle a de plus affreux que l'ordre sevére de la providence a mis devant les yeux de notre Monarque ,
quand elle lui a demandé son Fils. Suivons l'ordre
de ces paroles , & confiderons le cœur de ce Pere
affligé , comme l'Autel augufte & sacré où la main
de Dieu a immolé cette Victime précieuse que nous
pleurons , *Tolle filium tuum*. . . . . .

Un joug pefant a été mis sur la tête de tous les
enfans d'Adam, depuis celui qui eft affis sur le Trône jufqu'à celui qui porte la houlette; & ce joug one-
reux c'est la nécessité de souffrir , l'exemption de
cette loi humiliante , n'eft pas un appanage de la
Roïauté. Comme les Princes ne font pas impecca-
bles , ils ne font pas impassibles. Cette malediction
dont la terre a été frappée , se fait sentir sous le dais
comme sous le chaume , & la douleur ne monte
que trop souvent sur le Trône avec le péché qui en
eft la cause.

Or parmi les peines de la vie , une des plus cruel-
les fans

les sans doute est celle d'un Pere qui perd un Fils :
Dieu qui a imposé à l'homme la loi de la mort,
lui a donné la consolation de renaître, le corps qui
étant sujet à la corruption, ne peut être immortel
par lui-même, le devient en quelque sorte par la fécondité qui le reproduit ; cette suite de generations
qui se succedent les unes aux autres, est une conti-
nuité de vie, comme une perpetuité de mort, nous
mourons tous, dit le Sage, & nous tombons sur
la terre, comme les eaux courantes d'un fleuve,
qui en passant toûjours se renouvelle sans cesse, le
premier homme sorti des mains de Dieu, vivra dans
le dernier de sa posterité.

Or comme la loi établie est , que le Pere passe
devant le Fils, le renversement de cet ordre si naturel, est une chose violente qui ne se peut faire sans
causer une douleur cruelle à celui qui la souffre,
parce qu'il se voit mourir dans celui où il s'étoit vû
revivre, & que détruit dans un autre lui-même, il
souffre deux morts au lieu d'une. Jugeons après cela,
combien la mort de notre Dauphin si triste pour la
France, à été douloureuse pour un Pere. A la verité nous ne mettrons pas dans sa bouche, ces plaintes si touchantes de Tobie, qui pleuroit dans un
fils absent la lumiére de ses yeux, & le soûtien
de sa vieillesse. Notre grand Monarque trouve
dans la fermeté de son ame, des ressources contre
les plus grandes épreuves. Mais enfin, c'en est une
bien grande pour lui d'avoir une si violente douleur
à surmonter, dans un tems où sa gloire lui donne

B

tant d'ennemis à combattre : C'est un effort bien penible à une grande ame, quand elle a besoin d'appeller à son secours toutes les forces de sa vertu pour se soûtenir, bien que toûjours en état de regner par lui-même, il lui étoit doux de se trouver entre deux appuis du Trône qu'il voyoit à ses côtez. Il connoissoit tout le mérite & toutes les vertus de son auguste Fils ; il devoit au caractere de son esprit & de son cœur, le profond calme dont il a joüi parmi tant de guerres ; la Victime a été immolée jusques entre ses bras, tout le sacrifice s'est consommé dans son cœur, le voile de sa constance, qui en a caché l'appareil à ses Peuples, l'a rendu d'autant plus douloureux qu'il a été plus interieur. Lui-même nous apprend, *qu'il a ressenti toute la douleur dont un Pere puisse être pénétré en perdant un Fils, qui par toutes les grandes qualitez qu'il possedoit méritoit avec tant de raison toute sa tendresse & toute son estime.*

Mais ce qu'il y a de plus douloureux, est que ce Fils si parfait étoit un Fils unique, *Tolle filium tuum unigenitum.*... Cherchons quelque diversion à notre douleur, détournons un peu nos regards du triste objet qui nous occupe : rappellons la serenité de ces jours heureux qui succederent aux tempêtes, dont la France fut agitée pendant la minorité de son Monarque : Representons-nous la Paix, cette fille du ciel tant desirée ; l'olive sur le front & environnée de tous ses charmes, marchant sur les pas de la vertueuse Therese qui en fut le lien,

Lettre du Roi à Mr le Cardinal de Noailles.

entrant comme en triomphe dans ce Roïaume ; ajoûtons à ce raviſſant ſpectacle le ſouvenir de noûtre joïe : Quand nous vîmes naître ce roïal Enfant, qui parut au berceau comme l'aurore du beau jour, qui a éclairé le regne glorieux ſous lequel nous vivons ! ce DAUPHIN qui recueillit la précieuſe ſucceſſion des vertus roïales avec le plus beau ſang du monde, qui ſorti des Maiſons de France & d'Eſpagne, heureuſement réûnies dans ſa poſterité, en avoit r'aſſemblé la gloire par ſa naiſſance. Thereſe pleura *les enfans de ſa douleur*, dans les autres fruits de ſa fécondité, qui furent moiſſonnez dans leur fleur, & Dieu ne lui laiſſa que le premier pour joindre à tant de raiſons, qui le rendoient précieux celle de Fils unique. Nous le vîmes croître à l'ombre du Trône, élevé dans le ſein des ſciences & de la vertu, avancer en merite & en gloire, remplir tous les devoirs des âges differents, & content de cette Roïauté inviſible qui le rendoit maître des cœurs, attendre celle qui lui étoit deſtinée.

Les fruits de ſon éducation paſſerent nos eſperances ; nous admirâmes dès ſes premieres années ces traits qui font entrevoir le Heros encore caché ſous l'enfance ; martial juſques dans ſes plaiſirs, il les a cherchez dans ce noble amuſement la plus vive image de la Guerre.

Par quels traits s'eſt-il formé ſur un modelle inimitable à tout autre ? Par combien de titres a-t-il mérité le glorieux ſur-nom de Grand, avec ſon incomparable Pere ? Par quel accroiſſement de gloi-

re & de vertus a-t-il foûtenu le poids de fa naiffance, & rempli l'attente de l'Univers, qui ac-
coûtumé aux prodiges de L O U I S, auroit
eu peine à fouffrir la vertu commune dans fon
D A U P H I N ? Les Remparts des plus fortes Places font tombez devant fes yeux ; une rapidité de
Conquêtes a marqué par des faits illuftres, pref-
ques tous les jours de fes Campagnes. L'aigle Im-
periale a fremy à la vûë de cette Colombe dévenuë
tout à coup martiale, de douce & de pacifique.

Arrêtons-nous, M E S S I E U R S, ne nous laif-
fons pas feduire d'avantage par l'illufion d'un beau
fonge, pour n'être pas replongez plus avant dans
la douleur, par un trifte reveil : Qui auroit crû
que ce Fils fi refpectueux & fi foûmis, deût être
privé de la recompenfe fi folennellement promife
à ces vertus ? Seigneur vos jugemens font juftes,
mais impénétrables ; la fuite des profperitez dont
vous avez comblé notre Monarque, étoit trop longue pour n'être pas interrompuë ? Vous aïez trop
fufpendu en fa faveur la viciffitude des chofes humaines ; c'eût été trop de bonheur pour la France,
que de lui faire voir les jours pleins du Pere & du
Fils ; vous les avez feparez par un coup fatal. Helas ! de triftes preffentimens nous faifoient craindre notre malheur. Nous apprehendions avec fujet,
que ce fruit de benediction ne fût emporté avant le
tems, nos allarmes n'étoient que trop legitimes.

Souvenons-nous des plaintes douloureufes de
l'infortuné Jacob à la vûë de la robe de Jofeph, qui

lui fut prefentée comme teinte de fon fang, & des
cris pitoïables qu'il pouffa, quand pour comble de
douleur il vit Benjamin arraché d'entre fes bras,
& conduit par fes Freres en Egypte : Helas difoit
ce Pere affligé ! Defcendrai-je donc avec douleur
dans le tombeau : Ne vous femble-t-il pas entendre fortir des plaintes femblables de la bouche de
LOUIS LE GRAND ; le DAUPHIN qu'il
pleure n'étoit-il pas auffi aimable que ce Jofeph qui
coûta tant de larmes à Jacob, & auffi cher que ce
Benjamin, dont la feparation lui fut fi cruelle. A la
verité l'image du Pere Ifraëlite & du François n'eft
pas toute égale ; ce dernier retrouve ce qu'il a perdu
dans un digne heritier de fa Couronne, & dans une
feconde pofterité renouvellée par une troifiéme qui
lui laiffe encore d'autres efperances : Mais enfin,
c'eft un Fils unique qu'il regrette, le premier rayon
de fa gloire vient de s'éclipfer dans l'ombre du
tombeau : O coup douloureux s'il en fut jamais !
fur tout, pour un Pere qui doit l'exemple d'une
conftance heroïque à l'Univers, attentif fur lui,
& qui dans un fi grand fujet de pleurer, n'a pas la
confolation de donner un libre cours à fes larmes.

Cependant ce n'eft-là qu'une partie du facrifice
confommé dans le cœur d'un Pere, immoler un
Fils, c'eft beaucoup un Fils unique, c'eft encore
plus ; mais un Fils unique infiniment cher, c'eft
le comble de la douleur, & c'eft MESSIEURS,
la grande épreuve où l'obéiffance de LOUIS LE

GRAND a été mise, *Tolle filium tuum unigenitum quem diligis*... C'est ce Fils unique que vous aimez grand Roi, ce Fils si aimable & si aimé que Dieu vous demande.

Jugez, MESSIEURS, combien l'amour du Roi pour ce Fils, fut encore fortifié par les rapports d'une glorieuse ressemblance, joints à la vertu du sang, & du mérite qui lui parloit en sa faveur. Ici pour me renfermer dans les bornes de cet Eloge, permettez moi de choisir dans le riche assemblage de traits qui forment le tableau de LOUIS LE GRAND : Ceux qui marquent plus d'égalité entre le Fils & le Pere, & aux quels tous les autres se reduisent. Je trouve que la majesté jointes avec la bonté, ont été le caractere de l'un & de l'autre. Ainsi nous voyons le Regne attendu du Fils, representé dans celui du Pere. Nous plaignons notre Prince de n'avoir pas regné, nous aurions voulu voir cette source bien-faisante cachée dans son cœur, se répandre en liberté sur le Trône, & faire couler par tous les canaux ouverts d'une puissance souveraine, une profusion de biens & graces sur les Peuples. Hé bien MESSIEURS ! trompons s'il se peut notre douleur pour un tems, par quelque illusion agréable, & par un image flatteuse qui nous montre sur le Trône, celui que nous pleurons dans le tombeau ; donnons une liberté entiére à notre imagination, pour nous representer tout ce qui peut concourir au repos & à la felicité des Peuples. Quel plus beau spectacle pourrions nous

former que celui qui se presente à nos yeux ; Notre
DAUPHIN auroit appliqué toutes ses pensées à
faire fleurir avec lui la Religion, la Justice, les Loix,
les Vertus, les Sciences & les Arts. Il auroit mis une
sainte rigueur en usage pour r'amener par les res-
sorts d'une politique salutaire , ses sujets égarez
dans le sein de l'Eglise ; il se seroit armé de l'au-
thorité Royale, pour arrêter le cours de ces combats, où le plus noble & le plus pur sang couloit
de toutes parts sans utilité pour l'état & sans gloire pour les Familles , il auroit mis la pudeur, l'innocence , & la foiblesse à couvert contre le rapt,
la violence & la tyrannie : Les spectacles tragiques
ausquels nous étions accoûtumez auroient disparu
dans la France ; le Prince ennemi du sang n'en auroit pas sacrifié une goutte à ses soûbçons & à ses
défiances : la surprise des mouvements les plus sou-
dains n'auroit jamais laissé voir sur son front auguste aucune marque d'un chagrin offensant, ny
tiré de la bouche une parole désagréable ; les graces accordées auroient reçû un double prix par des
maniéres civiles & Roïales ? la bonté constante
du Monarque eût r'assûré les Courtisans contre la
crainte des revolutions ; le mérite du devoir & des
services n'eût pas dépendu du caprice, des évenemens , les marques de distinction les plus illustres & les plus hauts dégrez des honneurs Militaires, eussent honoré la fidelité & la valeur ,
après des Places & des Batailles perduës : sous le
Regne de ce Prince , nous aurions vû le voïa-

geur marcher en feureté ; le Marchand trafiquer
fans péril : le Laboureur femer & recueillir en paix,
les Edifices fomptueux étendre tous les jours l'enceinte de la Capitale : L'air contagieux qui empoi-
fonnoit la douceur de fon féjour écarté loin de fes
murs, des nuits lumineufes & auffi claires que les
plus beaux jours affûrer le repos & la douceur de la
fociété : les perfides déguifez épars dans les Tem-
ples, & dans les Places punis. L'on n'eût entendu le
bruit de la Guerre que par les nouvelles des Siéges
& des Combats : le Magiftrat & le Peuple, tous
les membres du corps Politique, places dans leur
ordre naturel, auroient reffenti les douces influen-
ces d'un chef, & concouru tous enfemble à la felicité publique.

Vous le voïez, Messieurs, en croyant
former le tableau d'un beau Regne à plaifir, je
peint notre bonheur veritable ; en décrivant tout ce
qui auroit pû faire notre Dauphin, je r'affem-
ble ce qu'à fait Louis le Grand, & la
réalité me fournit les chofes que j'imagine. Il eft
vrai, les graces du Ciel ont été mêlées avec les
épreuves ; le Roi n'a pû foûtenir le poids de tant
de Guerres, fans en faire tomber quelque partie
fur les Peuples. Choifi pour prêter fon miniftere à
cette Souveraine puiffance. qui difpofe des Empi-
res, en les faifant paffer d'une Maifon à un autre.
Il n'a pû refufer à un Peuple genereux, un fleuron
de fes Lys, pour le tranfplanter dans le climat
où il en répand l'odeur & la gloire. Il a gemi des

fuites

fuites d'une Guerre tres longue , il eu gemît encore. Nous l'avons vû prêt à facrifier le plus beau fruit de fes Conquêtes , pour rendre le repos à l'Europe. Faifons donc juftice à la bonté de L O U I S comme à celle du D A U P H I N. Reconnoiffons que la fageffe qui les a guidez , eût accommodé : leurs vertus à leurs devoirs , & que le Pere eût fait benir le bon Prince dans le repos , comme le Fils eût fait admirer le grand Monarque dans l'action , fi la providence avoit mis l'un à la place de l'autre.

Jugez donc combien a été douloureux pour lui le facrifice de ce Fils fi reffemblant , fi aimé & fi digne de l'être : *Tolle filium tuum quem diligis* .... Une longue vie fait pleurer bien des morts à mefure que les liens du fang , de la nature , de l'affection , & de la reconnoiffance font étendus ou voir multiplier les occafions d'en fentir la rupture , ou voir , dis-je , tomber au tour de foi à droit & à gauche , les têtes des proches , des amis , & des compatriotes ; on fe familiarife avec cette image de la mort à force de la voir , & cette leçon fi touchante , perd une partie de la force , pour être trop renouvellée.

Mais la perte d'un Fils unique , eft une épreuve que l'on ne fent qu'une fois , & l'experience qui donne tant de fecours à la fageffe , contre les malheurs ordinaires , ne la fortifie point dans celui ci. Jugez donc , M E S S I E U R S , combien la patience de notre Monarque a été éprouvée dans ce combat , lorfqu'il lui a fallu joindre au facrifice de

C

fon Fils celui de fa douleur même.

Ne vous figurez pas cette vertu feroce, & que l'ancienne Rome admira dans fes premiers Confuls, lorfqu'elle vid avec horreur un Pere fans changer de vifage, facrifier deux Fils à la Republique naiffante, & retourner comme en triomphe dans fa maifon teint de fon propre fang. Non, MESSIEURS, LOUIS LE GRAND a triomphé de l'épreuve, mais il en a fenti toute la rigueur & la fermeté du Heros ne lui a rien ôté de la fenfibilité de Pere, en pouvoit-il manquer pour un Prince qui relevoit toutes fes qualitez, par celle de bon Fils : Ici MESSIEURS, mon zele fe r'anime & votre attention fe renouvelle ! O le beau fpectacle que de voir ce DAUPHIN conftant jufqu'à la mort, a rendre au Roi fon Pere tout ce qu'il lui devoit, par ces deux titres fi facrez à la Religion & à la nature ; de le voir, dis-je, environné des Princes fes Enfans, Pere & ayeul lui-même, fe confondre avec eux en quelque forte, par un amour tendre, filial & refpectueux. Le Roi voyoit en lui le plus foûmis de fes Sujets, le plus fage de fes Courtifans, & le plus fidéle de fes amis, & dans *l'heritier legitime le plus humble de fes ferviteurs* : quel plaifir pour LOUIS LE GRAND fi habile dans l'art de regner, qui au milieu de fa Cour comme un Pere dans fa famille, y prévient les moindres fujets de trouble, de voir Monfeigneur concourir par fa conduite, aux deffeins de la fageffe ; le plus appliqué de tous à entretenir fa fubor-

dination des membres avec le chef, & rapporter
tout au centre de la domination.

Mais le plus beau spectacle que nous ait donné
ce Dauphin, c'est d'avoir parû si long-tems au
milieu de tant de Sceptres & de Couronnes, avec
tant de qualitez qui l'en rendoient digne, sans laisser voir le moindre desir impatient de les porter;
Pere & Fils de Roi sans penser à l'être, & préparé
par la disposition de son cœur au malheur de sa
destinée. Ce n'est pas cét Absalon qui se tient aux
portes du Palais pour caresser en passant des Sujets
dont il veut faire des rebelles. Notre Prince est
content de regner par l'amour, sur ceux qui regnent
par la puissance, & de voir les deux plus beaux
Diadêmes du monde sur la tête d'un Pere & d'un
Fils. Tous ses vœux ne tendent qu'à affermir le
Trône de l'un , & qu'à prolonger le Regne de
l'autre.

Combien de fois les droits les plus sacrez & les
plus inviolables ont-ils cedé à cette Passion furieu-
se de dominer , en faveur de laquelle des maximes
impies , ont osé abolir les Loix, l'Histoire-Sainte
& Prophane , a horreur d'avoir sauvé de l'oubli
des attentats qui devroient être ensevelis dans les
plus noires ténébres. Mais la fidelle gardienne des
faits mémorables de cét Empire, fera admirer à
tous les siécles l'exemple d'un Prince, encore plus
fait pour la Couronne par ses vertus, que par sa
naissance; à qui pendant le cours d'une longue vie,
il n'est échappé, je ne dis pas , une action, une

parole, mais peut-être, un defir & un mouve-
ment contre le devoir, tant il eut peu befoin de fa
vertu dans une fi continuelle occafion de combattre.

Puis-je oublier ici cette réponfe fi connuë, plus
glorieufe pour lui que tous nos Eloges ; combien
nous parut-il audeffus des Sceptres & des Couronnes dans cét évement fameux , le plus grand fans
doute de ceux qui ont rendu ce Regne remarquable.
Lorfque Dieu qui tient les cœurs & les Trônes des
Rois entre fes mains , laiffa celui d'Efpagne fans
appuy. Charles mourant, qui ne vit aucune autre
Puiffance que celle de LOUIS-LE GRAND,
capable de maintenir fur une feule tête cette Couronne composée de tant d'autres , jetta les yeux
fur le jeune Prince, qui a foûtenu avec tant de gloire & de bonheur le choix de la providence , & un
titre facré à tous les Peuples : cependant les droits
d'une fucceffion fi riche regardoient MONSEI-
GNEUR ; cette grande place vuide fe prefentoit
à fes yeux & à fon courage, & le Roi fon Pere le
voïant fi digne de la remplir, lui offroit toutes fes
forces pour l'y défendre. Mais ce DAUPHIN plus
glorieux d'obéïr que de commander, répond *qu'il
s'eftimera heureux dans un âge avancé, de dire le Roi
mon Pere & le Roi mon Fils* , réponfe que fon cœur
lui mit à la bouche, qui lui fut dictée par fon amour
pour l'un & fon refpect pour l'autre, & qui fera
dans tous les âges une digue pour contenir les efprits inquiets des Familles Royales & privées dans

les bornes de la nature & de la Religion.

Ce n'étoit pas le poids du Diadême qui l'éton-
noit, l'affemblage de tant de qualitez Militaires &
pacifiques dans fa perfonne, fembloit au contraire devoir faire un etat violent pour lui, d'une fi-
tuation qui laiffoit tant de vertus fans exercice. Il
avoit fait voir à toute l'Europe ce que la France
en devoit efperer, & ce que fes Ennemis en devoient craindre. Mais nous le vîmes avec plus d'admiration, mettre au pied du Roi fon Pere, les
clefs des Villes qu'il venoit de foudroyer par fes ordres, & comme un fleuve qui après quelque jours
de débordement, rentre paifible dans font lit, re-
prendre le cours de fes nobles exercices en fortant
de bras de la victoire.

Helas, Messieurs! faut-il que de fi agréables fouvenirs, nous paffions au lamentable fujet qui
nous raffemble, & que la main de Dieu nous frappe
d'un fi rude coup. Après avoir humilié l'orgueil de
nos Ennemis par un évenement glorieux, qui permet
tout à nos efperances: faut-il que les Lauriers de Phi-
lippe triomphant, foient arrofez de nos larmes?
Quel a été ton deüil à cette trifte nouvelle? Heros
fi cher à la France, qui viens de prêter, le fecours de
ton courage & de ta fageffe aux deffeins du Ciel,
pour achever fon ouvrage? Quel coup fenfible a per-
cé ton cœur où l'Image de notre grand Prince étoit
fi parfaitement gravée. Faut-il que nous pleurions
le Pere dans le tombeau, quand nous voïons le Fils
affermi fur le Trône; que nos regrets fe mêlent avec

nos chants de triomphe : que nous foyons forcez
de pleurer au milieu de nos victoires.

Les Jugemens du Seigneur font auffi terribles
qu'impénétrables , mais nous pouvons juger de fa
conduite parce qu'il nous en a revelé lui-même dans
les Livres-Saints , ils nous apprennent que Dieu
punît quelquefois les Princes en déchargeant les
fleaux de fa colere fur leur Peuples , & il fit voir
autrefois à un Roi felon fon cœur, foixante & dix
mille de fes Sujets exterminez dans une nuit , pour
le péché d'une vaine complaifance : Mais ce même Dieu punît auffi les pechez des Peuples en leur
ôtant ces Princes qui font leur amour & leur délices ; il s'éleve des humbles rofeaux des vapeurs
d'iniquité , qui retombent fur les Cédres orgueilleux , il facrifie de tems en tems à fa juftice des
têtes cheres & précieufes. Profitons de ces grands
exemples qu'il donne à tout l'Univers , pour r'a-
mener les grands & les petits, à la pensée de leur
neant & de leur fin commune.

Souvenons-nous du cry general que poufferent
les Egyptiens au milieu de la nuit à la veuë de tous
leurs premiers nez mis à mort , depuis celui du
Roi jufqu'à celui du dernier de fes Sujets ! Helas
nous pleurons-tous notre D A U P H I N , comme un
premier né , comme un Fils unique; la playe tombée fur la famille Royale, s'eft étenduë fur tout le
Peuple , & il s'éleve dans toute la France un cry
univerfel dans la nuit d'une défolation publique.
Ah ! M E S S I E U R S , que ce ne foit pas le cry de

l'Egypte endurcie mais de Ninive penitente : Faisons servir notre deüil à notre conversion ; pleurons sur nous plutôt que sur le Prince , & desarmons la justice de Dieu en nous soûmettant à ses ordres.

Après qu'Abraham eut levé le bras sur la tête d'Isaac , & consommé le sacrifice dans son cœur, le Seigneur lui dit , je l'ai juré par moi-même, parce que vous m'avez donné cette marque de votre obéïssance , & que vous n'avez pas épargné votre Fils unique , je vous bénirai , je rendrai votre race égale en éclat aux étoiles du Ciel , & en nombre aux sablons de la mer ; je la mettrai en possession des portes de ses ennemis , & toutes les Nations de la terre seront benies dans votre posterité. Gardons le respect qui est dû à ces grandes & adorables figures , consacrée à la verité , mais sans les prophaner par des applications toûjours imparfaites entre les choses humaines & divines , cherchons y la consolation de notre douleur , comme nous y avons trouvé l'image de notre perte ; la victime est immolée , un Pere auguste a sacrifié son Fils unique en adorant les ordres du Ciel : puisse ce digne chef d'une Famille si glorieusement multipliée voir la suite des grandes promesses, dont il a veu l'accomplissement , & participer aux dernieres benedictions d'Abraham , comme il a imité l'excellence de son Sacrifice : Puissent tant de Nations liguées qui fremissent contre l'Oint du Seigneur , se briser comme un vase de terre contre sa puissance. Puisse-t-il dans la douceur d'une Paix profonde joüir long - tems du fruit de ſes glorieux travaux, goûter le plaiſir de faire des heureux, couronner ſa gloire par notre felicité, & recevoir la récompenſe du ſacrifice d'un Fils unique. Noûs avons vû la Victime immolée dans le cœur d'un Pere : conſiderons-la ſacrifiée dans le cœur des Peuples.

SECONDE PARTIE.

C'E s t une contradiction du cœur humain qui renferme tant de myſtéres dans ſes abîmes, de trouver du ſoûlagement à ſa douleur, dans les loüanges du ſujet qui la cauſe. Je ne ſçai comment il arrive qu'en relevant autant que l'on peut le prix du bien qu'on a perdû, l'on en diminuë la perte. Ainſi après le ſaiſiſſement des grandes douleurs, les cœurs ſerrez, les bouches muettes ſe relâchent, ouvrent la ſource des gemiſſemens & des larmes, chacun ſe répand à l'envi en témoignages d'amour & d'eſtime, pour conſacrer les objets de l'affection des Peuples. On a recours aux enchantemets de cét art merveilleux, qui fait revivre les Heros par de riches éloges, artifice de l'amour affligé, qui s'éforce de tromper ſa douleur, quand il ne peut la guérir, & cherche de faux remedes à ſon mal, quand il n'en trouve point de véritables.

Je ne me flatte pas, MESSIEURS, de pouvoir former par mes paroles le charme de cette ſeduction innocente, vous en avez éprouvé la force par ces voix éloquentes qui ont précedé la mienne.
L'élo-

L'éloquence n'aura pour tout ornement que la fim-
plicité de ma voix, les triftes couleurs de la mort,
& les gemiffemens de la douleur mêlez avec ceux
de la penitence.

Apres que le Sacrificateur avoit égorgé la Victime, il fe marquoit lui-même de fon fang, & en
répandoit des gouttes fur le Peuple, afin que tous
euffent part au mérite de l'immolation, & s'envel-
lopaffent dans le facrifice. Voilà, MESSIEURS,
quelle eft ma fonction dans cette Ceremonie funebre. Je viens fanctifier vos larmes, changer une
defolation publique dans une humilité Chrêtienne, & vous faire facrifier dans un efprit de foi cette grande Victime que Dieu demande à votre amour
& à votre obéiffance; efforçons nous de connoître
tout le prix du bien que le Ciel nous a ravi, pour
avoir le mérite de la foûmiffion à fes ordres.

Les qualitez des Princes doivent être confiderées
par rapport aux deffeins de Dieu : ils ont des Peuples à gouverner, des Guerres à foûtenir, des Sujets à édifier ; ainfi leurs vertus principales font la
bonté, la valeur & la religion ; mais il faut que
ces vertus foient en eux propres aux fonctions de
la Roïauté : Il faut que leur bonté foit éclairée,
que leur valeur foit fage, & que leur piété foit
exemplaire.

Qui de nous, MESSIEURS, ne reconnoît
notre DAUPHIN, à ces traits éclattants qui
l'ont rendu fi remarquable ! Helas Seigneur, vous
l'aviez fait pour le Trône, & vous n'avez pas per-

D

mis qu'il y montât. Adorons cette main rigou-
reuſe & bienfaiſante, qui nous ôte ce qu'elle
nous avoit donné : conduiſons à l'Autel cette grande Victime couronnée de fleurs, & ornée de toutes les vertus Roïales, pacifiques, Militaires & re-
ligieuſes, & préparons-nous à renouveller ce douloureux ſacrifice dans un eſprit d'humiliation &
de penitence.

Dieu voulant faire ſentir aux Rois que la bonté
étoit une vertu qui leur étoit propre, tira le premier Roi d'Iſraël de la garde des troupeaux, pour
l'élever ſur le Trône, & changea ſa houlette en Sceptre. Le Roi de gloire voulut prendre pour ſon
ſymbole le ſigne de la douceur dont il propoſa l'i-
mitation à ſes diſciples : mais l'Agneau de Dieu
fut auſſi le lyon de la Tribu de Juda : David plus
Paſteur que Roi de ſon Peuple, avoit mis les Ours,
& les Lions en piéces, en gardant les Brebis, & ter-
raſſa Goliath avec la fronde d'un Berger, pour
nous apprendre que la bonté dans les Princes ne
tient rien de la foibleſſe, & que les plus belles ames
ſont celles qui participent le plus à cette divine per-
fection du premier être.

C'eſt MESSIEURS, de cette bonté toute heroïque dont je parle, quand je dis, qu'elle fut la
vertu principale du DAUPHIN, elle parut peinte ſur le viſage de ce Prince, auſſi aimable qu'auguſte; elle fut en lui comme un fruit naiſſant de
la nature & de la grace qui crut avec les années :
Cette bonté naturelle devint une bonté raiſonnable

avec l'âge , il l'a fit paroître jufques dans cét exercice tout martial qui fut fa premiere paffion.

Sa bonté naturelle & raifonnable, devint avec le
tems une bonté éclairée ; la fource bienfaifante qui
couloit du cœur de ce Prince s'accrut par une éducation toute roïale : Cette grande ame fortie fi riche des mains de Dieu , tomba fous la conduite
d'un Gouverneur fage entre les fages , je n'oublie-
rai pas ici le nom de ce Duc , que la reconnoiffance a gravée dans mon cœur , & fi digne de trouver place parmi les noms auguftes qui brillent dans
cet Eloge ; Monfieur de Montauzier fut choifi par
un Monarque infpiré du Ciel , pour achever fon
ouvrage. Le caractere de ce grand homme a été
trop connu à la Cour & au monde , pour être effa-
cé des efprits : fous l'air auftere de la fageffe , il
couvroit une ame pleine de bonté ; ainfi par fes
fages maximes. Cette noble inclination qui dans
MONSEIGNEUR étoit un don du Ciel , devint un fruit de la reflexion & de la fageffe : les
dignes conducteurs de notre DAUPHIN , ne
trouvant que des difpofitions heureufes à cultiver,
n'eurent qu'à travailler fur le riche fond de la nature , pour y ajoûter les ornemens de la vertu , de
forte qu'à la douceur naturelle de l'enfance, fucce-
da la bonté éclairée de la raifon. Le Prince genereux compatiffant , liberal , magnifique, fut pour
ainfi dire enté fur le Prince humain , moderé &
affable.

Comme la bonté eft la principale vertu du cœur,

c'eſt auſſi ſur le cœur qu'elle agît avec plus de force ; les autres vertus Roïales attirent l'admiration ,
le reſpeſt, l'eſtime, mais celle-ci fait naître l'amour :
du fonds d'une belle ame ou elle eſt cachée , elle
répand je ne ſçai quel agrément inviſible ſur la lai-
deur même, elle plaît juſques dans les rides d'une
vieilleſſe difforme , elle captive les volontez rebelles par des liens ſecrets ; elle triomphe par une force inconnuë de cette puiſſance , qu'aucune autre
ne peut aſſujettir. Cette bonté ſi touchante dans les
conditions privées , trouvera-t-elle rien qui lui
reſiſte dans les Princes, ſur tout quand elle y eſt re-
levée comme dans le notre, par la majeſté d'un
port auguſte, & par l'éclat de la gloire. Alors un
vainqueur remporte au milieu de la paix ces victoires précieuſes , qu'il ne doit qu'à lui-même, il
entre dans les Villes parmi l'appareil d'un triomphe ſecret plus glorieux que toute la pompe des
Céſars. Et au lieu des Rois tributaires & des dépoüilles des Nations attachées à ſon Char ; il traîne un million de cœurs à ſa ſuite.

C'eſt ce beau triomphe, MESSIEURS, que
le DAUPHIN renouvelloit toutes les fois qu'il
honoroit ce Palais Martial de ſa préſence : les Chefs
& Guerriers ſe diſputoient à l'envi la gloire de lui
rende leurs hommages : vous vous plaiſiez à vous
dépoüiller en ſecret de vos lauriers, pour les faire entrer dans ſa Couronne , vous mêliez les marques de
votre amour avec les Eloges de ſa valeur, parmi les
concerts de ces Muſes guerrieres , & négligées préfe-

rables à tout l'art des Orateurs & des Poëtes. Quand il entroit dans l'enceinte de ces murs, c'étoit plutôt en Conquerant qu'il y paroiſſoit, qu'en Dauphin de la France. Tous les cœurs qu'il avoit captivez ſembloient briſer leurs liens pour voler à l'envi ſur ſon paſſage, comme nous liſions ſa tendreſſe pour nous peinte ſur ſon auguſte viſage, nous lui faiſions lire notre attachement pour lui ſur le notre ; chacun de nous lui élevoit pour ainſi dire un Trône au fond de ſon ame où il regnoit d'avance, il nous aimoit & nous l'aimions, & le bon cœur du Prince ſe communiquoit aux Peuples.

Se permit-il jamais un de ces ſouris malins, une de ces paroles indiſcrettes, qui mettent en liberté la raillerie de la foule complaiſante ? Ces glaces fidelles au travers deſquelles le riche fond de ſon ame ſe montroit aux notres, nous ont-elles jamais laiſſé voir autre choſe, que bonté, que douceur, qu'humanité ; en un mot que les précieux rejettons de la belle vertu qui en eſt la tige.

Le tableau de Salomon me paroît dans ſon plus beau jour, lorſqu'il nous repreſente ce Roi pacifique, donnant à ſon Peuple le beau ſpectacle de cette gloire, où l'avoit élevé la reputation de ſa ſageſſe ; lors, dis-je, que porté ſur un Char éclattant d'or & de pierreries, dans les ruës de ſa Ville capitale, il repetoit par la douceur majeſtueuſe de ſes regards, ces paroles gravées en caracteres de pierres précieuſes, *ô ma chere Jeruſalem*, com-

D iij

me les adreſſant à chacun de ſes Sujets. En effet,
c'eſt une grande conſolation pour les Peuples, dans
la baſſeſſe du rang qui les éloigne de leurs Rois,
d'en approcher la majeſté inacceſſible, & de remplir en quelque ſorte la diſtance infinie qui les en
ſepare, lorſqu'un Monarque auguſte rend à la Cour
qui l'environne l'éclat qu'il en reçoit, que ſes regards pleins de bonté font des heureux par tout
où ils tombent, & qu'il répand une communica-
tion de ſa felicité, avec un raïon de ſa gloire : c'eſt
ainſi que ces Rois de la Terre, tout cendre & pouſ-
ſiére qu'ils ſont, nous retracent un image du Roi des
Rois, qui par ſa préſence fait le bonheur du Peuple élû qui l'environne, qui païe l'adoration qu'il
reçoit de la cour celeſte, à la joye ineffable dont
il la remplît, & qui attache la felicité à ce regard
éternel de complaiſance, dont il favoriſe ceux qu'il
éleve juſqu'au bonheur de le poſſeder en le voïant.
Vous vous en ſouvenez, MESSIEURS, quelles
marques ſinguliéres le DAUPHIN n'a-t il pas re-
çûës de l'affection des Peuples ? De ces Peuples,
dis-je, qui malgré leur rudeſſe tiennent entre leurs
mains les plus belles Couronnes des Heros, & qui
avec des mains groſſiéres & ſans art, élevent ces
ſtatuës inviſibles, préferables aux chef-d'œuvres
des plus fameux artiſans de ſa gloire. Je me plains
ici de n'oſer deſcendre dans un détail, qui ne con-
viendroit pas à la dignité de cét Eloge ; mais qu'il
ſerviroit à la gloire de notre Prince, ſi j'avois le ſecret d'annoblir une image populaire, mais vive de

la forte impreſſion que ce Prince avoit faite ſur les cœurs.

O France ! prend tes vêtements de deüil , & pleure l'éclat de tant de vertus Royales éclypsé dans le tombeau : mais je me trompe , puiſque nous le voïons renaître dans l'auguſte Fils de notre DAUPHIN : ce ſeroit ici l'endroit de tracer le tableau de ce jeune Prince , ſi propre à eſſuyer nos larmes ſi la ſource en pouvoit tarir ; & qui auroit rendu à la France toute ſa joïe , ſi le bien dont elle doit joüir, pouvoit lui faire oublier celui qu'elle a perdu. Que j'aimerois à interrompre cét Eloge par le ſien , ſi je ne craignois que le tribut de mes foibles loüanges ſuſpect à ſa modeſtie , ne devint importun à ſa douleur. Helas ! il n'eſt pas moins digne de nos plaintes que de nos hommages , puiſqu'en nous faiſant retrouver un DAUPHIN, il pleure un Pere qui n'eſt plus ; un Pere qui fut l'amour des Peuples par ſa bonté , & le deffenſeur de la France par ſa valeur.

A ce nom, MESSIEURS, ne vous figurez pas une fureur aveugle qui cherche le danger ſans le conoître , une avidité de gloire qui emporte les jeunes courages , mais une magnanimité tranquille, qui joint la maturité de la ſageſſe à la promptitude de l'action, qui avec un front ſerein raſſûre le François en étonnant l'ennemi, & qui dans les Combats eſt audeſſus des perils par ſon courage , & de la victoire même par ſa moderation.

Ici MESSIEURS, que ne puis-je avec les plus

vives couleurs de l'éloquence, tracer un de ces riches tableaux de l'esprit où le Heros brille de differents lustres, selon les divers jours où il se montre. Souvenons nous de cette Campagne memorable, un des plus beaux ornemens de ce Regne, où notre Monarque permit à la victoire de passer de ses bras dans ceux de notre DAUPHIN, & voulût qu'un commerce de gloire acquît en quelque sorte le Fils avec le Pere. Le Rhin theâtre fameux des triomphes de l'un est bien tôt couvert des trophées de l'autre. Mais combien de vertus contraires en apparence, MONSEIGNEUR, fit-il admirer à nos Troupes toutes fiéres d'une nouvelle audace sous un tel chef. Tantôt c'est un jeune Alexandre qui perce comme un foudre des Bataillons herissez de lances, & qui cherche un rival terrible au milieu d'un appareil formidable : tantôt c'est un vainqueur humain, qui releve avec des mains triomphantes des captifs abbattus à ses pieds. Ici c'est un Titus, les délices du genre humain, qui soûpire le soir quand il n'a pas mérité ce beau nom, par quelque grace accordée pendant le jour, & qui regrette comme perdus, tous ceux qu'il a passez sans faire quelques heureux. Là, c'est ce même Titus qui de l'amour des Peuples devient la terreur d'une Nation infidelle, & qui guidé par le Dieu des Batailles, reduit en cendre les Bastions orgueilleux, où elle a mis son esperance. Fier & doux, affable, intrepide, il menage le sang du moindre soldat en exposant le sien. Il trouve dans son inclina-

tion

tion toutes les qualitez d'un Conquerant, hormis
celle qui lui deffend de hazarder sans besoin une
tête précieuse : il plaint ces Victimes infortunées
que de legeres fautes sacrifient à la rigueur de la
discipline, en relevant la gloire de celles qui tombent par le sort des armes. Il saisit avec joie toutes
les occasions d'exercer la justice, quand elle lui demande des graces, des pardons & des recompen-
penses, & il gemit en secret quand cette justice
trop severe lie les mains à sa bonté & à sa clemence : combien de fois souhaitta t il de montrer à
toute l'Europe ce qu'il étoit dans un jour de Ba-
taille.

Il espera que le Ciel contenteroit ses vœux dans
la deuxiéme de ses Campagnes, nous rappellons ces
jours où le parfum de nos priéres se mêloit de toutes parts, avec l'encens brûlé sur nos Autels, pour
détourner le peril qui ménaçoit une tête si chere.
Quelle intrepidité ne fit-il pas voir ! les Armées sont
en présence, & se ménaçent des yeux ; Les Nations
liguées ont à leur tête un Chef redoutable, par
le nombre de ses Batailles, & le succès de ses en-
treprises : Les Troupes triomphantes de LOUIS
LE GRAND, commandées par son auguste
Fils, environné de tous nos Princes sentent redou-
bler à leur veuë l'esperance tant de fois couronnée
de la victoire : Le plus beau sang du monde prêt à
couler, glace le notre dans nos veines. Nous at-
tendions en tremblant la nouvelle d'une journée où
nous avions tout à perdre : Mais quel parut alors

E

le Dauphin, avec quels traits le Soldat encore
plein de son image le represente-t-il, lorsque dans
le sein du repos il en goûte la douceur par le souvenir de ses fatigues passées. On vit éclatter dans
les yeux de ce Prince une joïe martiale & cette
confiance heroïque, qu'un chef inspire à toute une
Armée, comme l'ame de ce grand corps ; toutes
les marques du Heros qui se montre au besoin pa-
rurent dans le notre, & le Soldat en fut si frappé
que cherchant à marquer son amour par un sur-
nom glorieux, il n'en trouve point de plus convenable que celui de *Hardy*, pour ce *Loüis*, si digne
de celui de *Debonnaire*.

Mais sous quel image vous representerai-je notre Prince aussi prompt à remettre le dépôt de la
puissance Royale confié à sa valeur & à sa sagesse,
que vaillant à le faire redouter aux ennemis, pa-
reil à un de ces esprits qui environnent le Trône
de l'Agneau après avoir reçû le glaive exterminateur, & frappé les têtes des coupables, il le rend
au Monarque qui l'a reçû lui-même de la main de
Dieu, pour executer ses ordres ; il part comme un
tourbillon impetueux sorti de l'origine des vents,
il humilie les audacieux, il abbat, il renverse tout
ce qui lui resiste, & revient comme un zéphir doux
& agréable, chargé des parfums & des loüanges des
Peuples, les mettre aux pieds du Trône, il se confond
comme le premier des Sujets dans le tribut d'obéïssance, qu'il rend pour tous les autres.

Je n'ai garde, Messieurs, d'appliquer à

un Prince mortel, ces traits confacrez à celui devant
qui les Princes ne font que pouffiére ; mais puifque
le Roi des Rois a bien voulu faire briller un raïon
de fa majefté par la leur ; ne pouvons nous pas
adorer ce divin original dans fes vives images. Ainfi quand nous vîmes ce jeune Conquerant r'entrer
dans l'enceinte de fes murs, comme fur un Char
invifible de triomphe, parmi la foule d'un million de captifs, que fa douceur lui avoit affujet-
tis. Quand nous le vîmes, dis-je, faire hommage
au Roi fon Pere, de tout ce qu'il tenoit de lui, s'en-
veloper dans la fumée de l'holocaufte, relever fa
gloire en faifant éclipfer tout fon éclat dans celui
de ce Monarque augufte. A ce beau fpectacle, dis-
je, qui de nous ne crût pas voir un ombre du lion
victorieux de la Tribu de Juda ; qui après avoir en-
chaîné le fort armé fous la figure d'un Agneau,
en conferve encore le nom & la douceur dans fa
gloire, & qui ramaffant toutes ces couronnes my-
ftericufes, jettées au pied de fon Trône les prefente,
en s'offrant lui-même à fon Pere, pour l'honorer
autant qu'il le mérite.

Après cela, MESSIEURS, pouvons-nous encore
nous plaindre que notre Prince n'ait pas regné. L'a-
mour & la vertu lui avoient élevé un Trône dans
le cœur des Peuples, il a regné auffi fouveraine-
ment, que jamais Prince ait regné : fon mérite l'af-
focia dès le berceau à l'empire des cœurs, qu'il a
partagé avec fon augufte Pere ; il a regné dans cette
puiffance de l'ame où le fage eft Roi lui-même.

E ij

Nous lui étions attachez avec des liens, dont la douceur faisoit toute la force : Nous lui étions soûmis par la puissance de l'amour, plus fort que la mort; puisqu'elle n'a pû separer ce qu'il avoit joint, que malgré sa rigueur, il vit encore dans nos cœurs, & que jusques dans le tombeau même la desolation publique, lui éleve un funebre, mais glorieux triomphe.

Je ne viens pas, ô Seigneur, sonder la profondeur de vos jugemens ; nous sçavons que vous condamnez quelquefois ce que le monde justifie, & que vous justifiez souvent ce que les hommes condamnent : comme l'exemple de ce Prince malheureux, qui avec tant de marques d'une feinte pénitence, demandoit une misericorde qu'il ne devoit pas obtenir, nous doit faire craindre les suites de la mort, quelque saintes qu'en ayent parû les circonstances ; ainsi la grace du Saint-Esprit dont les soudaines operations ne dépendent point du tems, peut menager aux Chrêtiens mourans, cét instant bienheureux qui les purifie dans la surprise de la mort la plus imprévûë, telle que nous l'a parû celle de notre Prince.

Nous voici arrivez au triste, mais inévitable endroit de cét Eloge : Finissons par les mêmes paroles qui l'ont commencé. *Tolle filium tuum unigenitum quem diligis, Isaac.* O France! prend ce Fils si cher jusques entre les bras de son auguste Pere : conduis-le par des vœux ardens, mais inutiles pour sa conservation, jusqu'au lieu de son sacrifice : Lais-

se les vêtemens de ta gloire, tes Couronnes, tes lauriers, & tout l'appareil de tes triomphes, pour pleu
rer sur le tombeau de ton DAUPHIN.

Quelle fut notre consternation, MESSIEURS,
au bruit de cette maladie imprévûë, dont la suite
a été si malheureuse ? Quel coup douloureux per-
ça le cœur du jeune Prince qui fut si cher à celui
que nous pleurons, & que nous ne trouverions pas
assez bien partagé par la seconde place dans la plus
belle Cour de l'Univers, avec tant de qualitez qui
le rendent si digne de la premiére, si elle n'étoit
destinée pour un Frere en qui le droit du mérite s'ac-
corde bien avec celui de la naissance. Mais ô triste destinée des Princes ! qui avec toute leur grandeur sont sujets au péché & à la mort : ce beau
sang qui fait couler dans leurs veines, toute la gloire
de leur origine avec le droit des Couronnes, sortant
d'une source plus ancienne, mais corrompuë, y
porte la contagion du peché & le venin mortel qui
les tuë. L'Ange du Seigneur qui tient en sa main
le vase de sa colére, en verse dans les airs une va-
peur maligne, que l'on respire sous le Dais comme
sur le chaume : notre Prince en est frappé, cét obéis-
sant Isaac monté sur la montagne, non pas chargé
du bucher, sur lequel il doit être offert en holocauste,
mais portant dans son sein le brasier mortel qui le
doit consumer. Il ne demande pas où est la victime,
un pressentiment triste fait qu'il ne la cherche pas ailleurs que dans lui-même, il sent au tour de lui & au
dedans de lui l'apareil tout prêt de son sacrifice. Un

Monsei-
gneur le
Duc de
Berry.

E iij

Pere augufte, un Patriarche Roïal le fuit jufques fur l'Autel difposé par fa foi, non à lever le brasfur fon Fils, mais à recevoir le coup de la main de Dieu.

Cependant, MESSIEURS, la violence du mal fe cache fous des commencements trompeurs : Nous nous flatâmes que le facrificateur ne feroit que lever le bras, & que le facrifice ne feroit qu'en figure ; mais helas ! il n'a été que trop réel & que trop veritable ; le dernier combat de la nature avec le mal, fait fentir fes mortelles approches. On court avec précipitation aux remedes du corps & de l'ame, les uns inutiles, les autres falutaires : que vous dirai-je de plus, tirons le voile fur la trifte image de notre Prince mourant, qui n'eft que trop gravée dans nos cœurs. Helas ! une mort avancée nous a ravi ce Prince fi digne de regner par fes vertus, & dont l'obéïffance nous faifoit efperer pour lui les années de Patriarches. Mais Seigneur, vos oracles font éternels, parce que votre volonté eft immuable. L'homme du fiécle qui borne fes vûës & fes efperances par le tems, voit dans ce retranchement, de jours une contrarieté apparente à vos promeffes; mais l'homme fpirituelfortifie fa foi par tout ce qui l'éprouve. Permettez-nous donc d'efperer, ô Seigneur, que ce Fils fi obéïffant, fi pacifique, fi refpectueux, n'a pas été privé de la recompenfe promife à ces vertus, qu'il recevra dans un regne fans fin, le prix de la parfaite obfervation d'un précepte, auquel une longue vie eft attachée, & que l'accident fatal qui a tranché le cours de la fienne,

ne semble avoir démenti votre parole que pour l'ac-
complir d'une maniére plus heureuse.

A la verité la violence du mal nous a fait perdre
les exemples de piété, que ce Prince vrayement religieux, nous auroit sans doute donnez s'il avoit été
libre. Mais nous l'avions vû quelques jours avant
notre malheur recevoir l'Agneau sans tache, après
s'être purifié dans son sang, & se préparer au passa-
ge de la terre au Ciel, dans cette solennité myste-
rieuse qui en est la figure ? Nous avons lieu de croi-
re que Dieu qui l'a conduit par la voie des élûs,
l'avoit favorisé d'une grace singuliére, & d'un secret pressentiment de sa mort, afin de lui faire remplir pour la derniere fois ce devoir de la religion
avec une piété aussi vive qu'exemplaire.

Mais quand cette consolation nous manqueroit,
n'a-t-il pas fait voir la disposition la plus sainte
d'un Chrêtien mourant, & une sincere préparation
à mettre toute sa confiance dans les playes de son
Redempteur & à se laver dans ces fontaines de vie,
dont toute la vertu lui a été appliquée. Une surprise fatale lui a épargné ces lentes approches d'un
coup peut-être trop sensible pour un Prince qui lais-
soit au monde tout ce qu'il a perdu ; mais la grace
lui a donné le moment précieux & decisif de l'éternité, qui en renferme toute l'efficace : il montre ces
signes salutaires qui donnent aux Ministres sacrez
la liberté d'ouvrir les trésors de l'Eglise, dont ils
sont les dépositaires ; & les paroles qui remet-
tent les pechez, jointes aux marques d'un cœur con-

trit & humilié , qui appaisent la justice de Dieu
nous laissent tout attendre de sa misericorde.

Et en verité, MESSIEURS, sans nous trop
prévaloir d'une ceremonie qui nous permet de flat-
ter notre esperance , pour adoucir notre douleur,
quel préjugé pouvions nous demander plus favorable au salut de notre Prince ; que ces mœurs si
douces & si égales, que ce bon & riche naturel dont
la grace de Jesus - Christ à purifié les taches. Il est
vrai , nous ne voïons rien dans ce mystere qui dé-
cide du sort éternel des hommes. Mais enfin , quelle marque plus propre à nous r'assurer contre la
crainte des jugemens de Dieu toûjours inconnus ,
que l'efficace des Sacremens , que cette candeur
d'ame, & cette bonté de cœur jointes à la penitence,
& qui mêlant pour ainsi dire , en quelque sorte,
l'innocence, jusques dans ces épreuves de fragilité,
presques inseparables de la vie des Grands ,peut faire trouver aux yeux de Dieu leur peché plus digne d'indulgence que de haine.

Pour nous, MESSIEURS, après ce grand
exemple, qu'attendons-nous pour nous convertir ;
il me semble que j'entens la voix de Dieu qui nous
dit par son Prophete, de quelle nouvelle playe faut-
il que je vous frape , pour vous faire revenir de vos
égaremens. Ha j'ai épuisé contre vous toutes les fléches de ma fureur ; j'ai tiré des fleaux inconnus
des trésors de ma colere ; je vous ai envoyé les Pe-
stes , les Famines , les Guerres , les Deluges , les
Grêles , les Glaces qui executent mes ordres : Enfin,

pour

pour dernier coup, je viens de vous enlever ce Prince si cher. Humilions-nous sous la main toute-puissante du Seigneur ; nous avons bien mérité ces maux disoient les Enfans de Jacob éprouvez en Egypte, par l'innocente rigueur de celui qu'ils avoient sacrifié à leur envie ; nos mains ne sont pas teintes du sang de notre Prince, mais que sçavons-nous, si nous ne sommes pas coupables de sa mort, si ce ne sont pas nos crimes qui ont attiré du Ciel ces marques de son courroux, & si cette tête si chere n'a pas été frappée pour nous punir ou nous instruire. Recueillons donc le fruit de cette grande leçon ; comme ce Prince vivoit dans tous les cœurs, il a été immolé dans chacun de nous, & nous pouvons faire un sacrifice particulier de cette Victime publique. La mort des Grands est la voix *d'un Dieu qui tonne dans la rouë*, V O X *tonitrui in rota.* C'est un grand éclat de tonnerre qui se fait entendre à tout l'Univers ; apprenez mortels que vous & ces Dieux mêmes que vous adorez sur le Trône n'êtes que poudre, vous transporterai-je en esprit dans ce Temple où réposent les cendres de nos Rois où leurs ossemens, humiliez dans le sepulchre, attendent le grand jour de la resurrection : dans ce lieu où l'on se sent saisi d'une triste & sainte horreur, par l'assemblage de tout ce que la Religion & la mort ont de plus affreux, & de plus auguste, à la vûë de tant de Majestez aneanties, de tant de Tombeaux, d'Inscriptions, d'Epitaphes, de Couronnes abbatuës, & de Sceptres brisez. Helas !

F

MESSIEURS, parmi tant de Victimes illuftres de la mort, qui foule aux pieds tant de Monarques, & qui regne elle même comme fur un
Trône affreux formé des débris du leur : Les cendres de notre Prince trouvent à peine quelque
place ; ce DAUPHIN, qui ne voyoit qu'un dégré entre lui & le premier rang de l'Univers, qui
nous ébloüiffoit par l'éclat de tant de Diadêmes,
dont il étoit environné, n'eft plus qu'une trifte
preuve du neant des grandeurs humaines, cét heritier préfomptif d'une fi belle Couronne n'a hérité
que le tombeau ; celui qui difoit aux deux plus
grands Rois du monde : Vous êtes mon Pere ;
vous êtes mon Fils, dit maintenant aux vers, vous
êtes ma fœur, & à la pourriture vous êtes ma mere.
Ha ! Seigneur, fi vous traittez ainfi ces Dieux du
fiécle, ferez-vous grace à ceux qui les adorent au
lieu de vous : Puiffent nos larmes appaifer notre
Dieu, éteindre l'embrafement de cette longue Guerre allumée dans toute l'Europe. Quand la foudre
eft tombée le Ciel réprend un vifage ferein, mais
quelquefois de nouvelles vapeurs attirent encore des
coups plus redoublez, & plus funeftes ; il nous
refte une tête plus précieufe à perdre. Efforçons-
nous de la conferver par notre converfion, & chan-
geons les larmes de notre douleur dans celles de la
penitence.

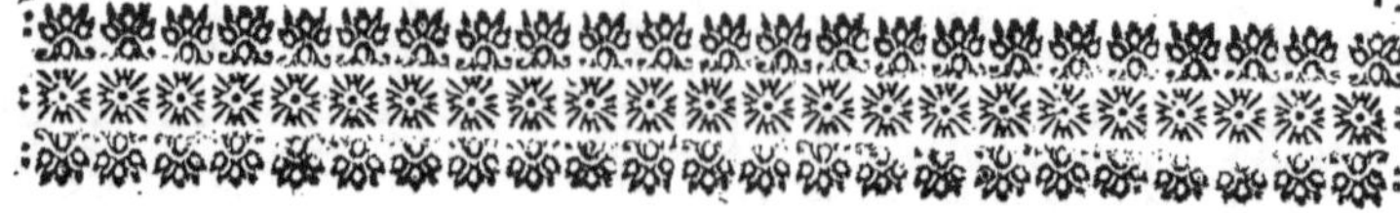

ORAISON FUNEBRE

DE

MONSEIGNEUR

LE DAUPHIN,

ET DE

MADAME

LA DAUPHINE.

Vocate Lamentatrices & veniant . . . . festinent & assumant super nos lamentum . . . deducant oculi nostri lacrymas , & palpebræ nostra affluant aquis. Jerem. cap. 9.

Appellez celles qui lamentent aux Funerailles . . . . qu'elles viennent à cette Cérémonie . . . qu'elles se hâtent de remplir l'air de gémissemens , & de cris lugubres ; que nos yeux se changent en des sources de larmes , & que nos paupiéres soient inondées de pleurs. *Jeremie. chap. 9.*

C E sont les vives & touchantes expressions de ce Prophete , qui ne fut pas moins l'organe de la douleur que de la verité , lorsqu'il déploroit en esprit les calamitez de sa Nation , & qu'il voyoit dans un éloignement Prophetique la desolation & la ruine de Je-

F ij

rusalem. Je n'ay pû ; MESSIEURS ; trouver
dans les Livres Saints, d'image plus propre à pein-
dre la vive douleur que nous causent les coups
sensibles & nouveaux dont nous sommes frappez,
que les tristes paroles que vous venez d'entendre.
O France ! le tems de pleurer est donc venu pour
toi ! après tant de jours de joye & de triomphe,
Voici donc les jours de ton deüil & de tes larmes !
mais en reste-t-il encore dans les yeux de tes Peuples ? Helas ! MESSIEURS, nous pleurions encore la mort d'un DAUPHIN, l'amour & les délices des Peuples ; la fille de Sion n'avoit pas re-
pris sa parure, la triste couleur de la mort s'offroit de toutes parts à nos yeux , & un deüil general bien plus dans les cœurs que sur les vêtemens , nous avoit comme ensevelis dans une profonde nuit : Quand d'un abîme d'affliction nous
sommes tombez dans un autre? Grand Dieu ! avez
vous donc tiré sur nous le glaive de votre colere ;
à quelle épreuve mettez-vous notre constance,
lorsque des coups redoublez & suivis de si près,
nous ôtent presques le sentiment les uns des autres,
qu'une calamité non seulement extraordinaire,
mais peut-être inoüie nous fait regarder comme
un état desirable, celui dont nous venons de sortir par un autre plus funeste, & que tremblants
pour les têtes précieuses que vous nous conservez,
après nous en avoir tant ôté, nous sentons que si
nous avons beaucoup perdu , nous avons encore
plus à perdre. Helas ! MESSIEURS, nous nous

consolions dans notre disgrace, à la vûë des
dons multipliez du Ciel, qui nous laissoient de
quoi reparer notre perte, & de l'appuy du Trône
heureusement substitué par un autre. Mais nous
pleurons le DAUPHIN, qui essuyoit les larmes
que nous répandions sur le tombeau de l'autre.
Dans le cours de quelques soleils, l'Epoux est emporté avec l'Epouse, & le même marbre r'enferme
leurs tristes dépoüilles. Peuples des climats les plus
reculez du monde : *Considerez & voyez s'il fut ja-*
mais de douleur comparable à notre douleur, la Mer &
la Terre ont été les Theâtres de nos victoires, &
la Renomée y portera par tout le bruit de nos malheurs ? Est-ce donc là cette France victorieuse des
Nations liguées contre elle, l'asile des Princes, la
mere des Rois : *elle est tombée, elle est tombée* dans un
abîme de tristesse, comme si Dieu avoit voulu balan-
cer l'éclat du plus beau Regne qui fut jamais, par de
si déplorables évenemens. Appellons-donc celles qui
lamentent aux Funerailles.... *Vocate....*

Vous le voyez, MESSIEURS, c'est plutôt
une Lamentation que je commence qu'un Eloge ;
mais quoi ne parois-je aujourd'hui dans le lieu saint,
que pour vous annoncer des malheurs, & à l'e-
xemple du Prophete dont j'emprunte les paroles,
viens-je pleurer la perte & la desolation de ma pa-
trie, à Dieu ne plaise, que ma voix soit destinée à
un si triste ministere : Non, MESSIEURS,
Dieu a regardé l'heritage de saint Louis, dans son
éternelle misericorde : France que dois-tu crain-

dire, Dieu te conserve ton Roi, & avec lui oserons-nous le dire, dans l'humiliation de la douleur, au lieu de craindre, tu es en état de faire trembler tes ennemis, Dieu retire une partie de ses graces pour nous faire mieux connoître le prix de celles qu'il nous laisse; de peur que nous reposant trop sur ses bienfaits, nous ne mettions notre confiance dans la créature.

En effet, qui de nous en voïant cette longue chaîne de l'heureuse posterité de L O U I S L E G R A N D, & la benediction des heritiers de sa Couronne trois fois renouvellée; Qui de nous dis-je, ne regardoit une faveur si extraordinaire comme un gage de la durée éternelle de cét Empire? à la vûë de ces nombreux soûtiens du Trône, nous ne regardions pas la main qui les soûtenoit; aveugles pensées des hommes qui étendent leurs vûës, & leurs esperances sur un long & obscur souvenir, quand ils ne peuvent s'assurer d'un moment de vie. Mais malheur à celui qui met son esperance dans un bras de chair, & qui s'appuïe sur le foible roseau de l'homme. *Je fraperai, dit le Seigneur, & je guerirai,* je vous ferai voir par une triste experience que j'abats quand il me plaît ces têtes sacrées, & ces appuis des Trônes, en qui les Peuples & les Rois esperent. Il a mis le fer aux branches de l'arbre, mais il en a épargné le tronc, & il conserve le dernier rejetton de la tige, pour la faire refleurir dans toute sa gloire. *La mort est entrée par la breche,* elle a renversé le double rempart du Trône,

elle a rompu le triple lien de l'Ayeul du Fils, &
du petit Fils ; que toutes les puiſſances humaines
n'auroient pû déſunir ; Elle a fait tomber dans le
cours de dix mois trois Dauphins & une Dauphine, pour nous tenir dans la dépendance & nous
humilier ſous la main de Dieu qui nous frape: Elle a tourné par ſes fatales approches au tour de cette tête, à laquelle le bonheur des Peuples eſt attaché, afin que nos vœux redoublez pour ſa conſer-
vation faſſent à Dieu une ſainte violence, & l'o-
bligent d'ajoûter aux années de notre Monarque,
celles qu'il a ôtées à la vie de nos Princes, & de
notre Princeſſe.

Appellez-donc encore une fois, celles qui l'amentent
aux Funerailles ; qu'elles ſe hâtent de remplir l'air de
tris lugubres & de longs gemiſſemens, que nos yeux ſe
changent en des ſources de lármes, & que nos paupieres
ſoient inondées de pleurs.. Vocate .... Mais qu'attendez-vous de moi, MESSIEURS, viens-je appeller à cette Ceremonie, celles que Jeſus - Chriſt
chaſſa de la maiſon de Lazare, & que le bruit de ſa
mort avoit attirez de Jeruſalem : l'Egliſe qui ſe
conſole par la foi ſur le ſort de ceux qui dorment,
ne ſouffre point parmi ces chants ſacrez, ces concerts d'inſtrumens lugubres, qui charmoient ou
qui excitoient la douleur parmi les Juifs, & qu'elle a regardez comme des reſtes ſuperſtitieux de la
Synagogue ou du Paganiſme ; quoi donc, évo-
querons-nous du tombeau, les manes de ces Orateurs celebres que nous avons perdus.

Helas ! eux-mêmes ne ſont plus que cendre. Religion : France ; c'eſt vous qui pleurerez au pied de ce
Tombeau ; l'une , admirera dans notre Prince un
ſaint uſage des grandeurs, & des felicitez humaines:
l'autre, déplorera dans notre Princeſſe un triſte exemple de leur fragilité : écoutons les plaintes de la Religion qui perd un DAUPHIN ſon éleve & ſon appuy,
recüeillons les larmes de la France , qui pleure une
DAUPHINE , ſa joïe & ſes délices : Mais por-
tons nos pensées plus loin , & tirons de ces grands
évenemens de ſalutaires reflexions : ouvrons l'oreille à cette voix divine qui donne des leçons aux
Rois & aux Peuples, qui inſtruit ceux qui jugent
la Terre & qui l'habitent : Puiſſance des Monar-
chies , déplorable jouet des revolutions , tu ſuis
comme un vaiſſeau fragile dans la tempête, le mou-
vement des ondes agîtées , le flot de la proſperité
t'élevera juſqu'au nüës , & celui de l'adverſité te
précipitera juſqu'au fond des abîmes : Craignons
& eſperons. Humilions - nous profondement ſous
la main de Dieu , pour en arrêter les coups , c'eſt
la leçon que nous donnera dans le Tombeau , le
Prince religieux que nous pleurons : mais auſſi per-
ſuadez que le moment de l'aſſiſtance divine nous
eſt marqué par le tems des rigoureuſes épreuves,
nous trouverons dans les ſujets de notre affliction, les motifs de notre eſperance; ce ſera le fruit
du grand exemple que nous offre la chûte de notre
Princeſſe , & tout le ſujet de l'Eloge Funebre de
TRES-HAUT TRES-PUISSANT ET
TRES-

Tres- excellent Prince LOUIS
DAUPHIN, comme de Tres-Haute
Tres-Puissante et Tres-excellente
Princesse ADELAIDE DE SAVOYE
Dauphine de France.

JE ne fçai, Messieurs, fi mon miniftere en recueillant les larmes de la Religion fur le Tombeau de notre Prince, me permet de regarder fa perte comme une jufte punition de nos crimes : je voudrois vous exciter à la penitence fans irriter votre douleur, & je craindrois de vous charger d'un poids odieux d'iniquité, au lieu de foûlager celui de votre trifteffe. N'ajoûtons point ce reproche affligeant au comble de notre affliction, mais quoi nous confolerons - nous d'avoir perdu celui que nous pleurons par une mort avancée, qui l'a mis lui-même hors du peril de fe perdre. Dirons nous, Seigneur, que vous l'avez enlevé du monde, de peur que la contagion dont vous l'aviez garenti ne paffât enfin jufqu'à fon cœur. Ha ! il nous avoit r'affûrez contre cette alternative de vices & de vertus, qui partage ordinairement la vie des Princes, nous ne lui avions pas vû faire un pas ni à droit ni à gauche dans les voyes droites de la juftice, & aïant paffé l'âge le plus vif des paffions, il en avoit ignoré ou vaincu les faillies ; nous ne devions-donc pas craindre une viciffitude funefte après tant d'égalité & de conftance, & le Prince parfait étoit en lui comme le gage du Roi accompli. Mais, Seigneur, le mo-

G

ment marqué dans vos conseils éternels, pour couronner tant de merite étoit venu, vous avez voulu purifier l'Ayeul dans le tems des épreuves, en
avançant pour le petit Fils le tems de recompen-
ses; la Couronne que vous destiniez au DAUPHIN
étoit prête, celle que sa naissance lui préparoit ne
l'étoit pas, & vous n'avez pas voulu que la terre
possedât plus long-tems un trésor si digne du
Ciel.

Parlons-nous avec trop de confiance, j'en at-
teste ici le François & l'Etranger, le Courtisan &
le Peuple, le Juge fvorable & le sevére, tous le
pleurent, tous l'estiment, tous le loüent, vous le
sçavez, MESSIEURS, une troupe de Censeurs
secrets, comme de flateurs serviles, environne les
Princes, plus ils sont vigilants pour regler leur conduite, plus les hommes sont attentifs pour l'exami-
ner, quand la flatterie se trouve sans exercice auprès d'eux, elle se tourne quelquefois en maligni-
té, & n'aiant point de vices à excuser, elle tâche
de rendre les vertus suspectes. Notre Prince plus
heureux à réüni tous les suffrages aucune ombre
de foiblesse ne s'est laissé voir à cette multitude
d'yeux perçants & aigus, tournez sur lui de toutes parts, & il ne se trouve pas une voix contraire
qui trouble l'accord unanime, & le concert general de ses loüanges. Je reduirai celles que je lui dois
à ce que la Religion a fait pour lui, & ce qu'il a
fait lui-même pour la Religion. Tout avoit concouru de la part de Dieu pour en faire un Prince

veritablement pieux, il a fait tout fervir pour répondre aux deffeins de Dieu par une piété veritable.

L'ordre & l'éclat de fa naiffance lui deftinoient la plus belle Couronne de l'Univers ; mais précieufe fur tout en ce qu'elle honore ceux qui la portent, par le titre de Rois Tres-Chrétien. Le petit Fils de LOUIS LE GRAND, devoit être le Fils aîné de l'Eglife, heritier de la piété comme du Trône de Saint Louis. Notre jeune DAUPHIN, preferoit fa naiffance divine à la plus augufte origine du monde, & fe trouvoit plus grand d'être appellé au Royaume du Ciel, qu'au Trône des Fleurs de Lys: Dieu qui avoit affemblé toutes les benedictions fur la tête de notre Monarque, y joignit celle qui en fit l'Ayeul de notre Prince, dans un tems où ces paffions qui fe mêlent avec le defir de la gloire dans le cœur des Conquerants, avoient fait place à fon zele pour la Religion. Son augufte Pere Pere avoit fait paffer avec fon fang dans fes veines, les femences de ces belles & Royales vertus digne fujet de nos loüanges & de nos larmes : La Princeffe de Baviere fon augufte Mere, marchant fur les traces de la vertueufe Therefe, vît croître ce précieux fruit de fa fécondité, parmi les Leçons & les exemples de Religion, dont elle prit foin de le nourir, & laiffa gravées dans fon ame fes dernieres paroles abregé de tous les devoirs d'un Prince Chrétien, après lefquelles fa bouche fe ferma pour jamais. Ainfi en entrant dans le monde

le Prince y trouva toutes les voyes de la piété tra-
cées, & les images des grandeurs du ſiécle, comme purifiées pat celles de la Religion, qui s'offroient à lui de toutes parts. Ajoûtez à tous ces
avantages, ce naturel ſi riche & ſi beau qu'il reçût
du Ciel ; cét eſprit ſuperieur qui mêloit quelque
choſe de ſerieux aux amuſemens de l'enfance. Cette ame pour ainſi parler naturellement Chrêtienne,
ce fond de Religion d'où les fruits de la vertu naiſ-
ſoient comme d'une terre préparée pour le Ciel
& purifiée par la grace.

L'éducation en fut confiée aux ſoins d'un Gouverneur illuſtre, dont le choix fut authoriſé par
tous les ſuffrages qui dès l'entrée d'une vie où les
jours de l'enfance furent à peine remarquables, ré-
pandit à la Cour la bonne odeur des vertus avec
l'éclat du merite ; & releva l'eſprit & la politeſſe
qu'il avoit recueilli comme un bien hereditaire,
par une regularité de mœurs & une gravité de
conduite, que les Courtiſans ne doivent gueres
qu'aux lentes leçons de l'experience : l'on vit avec
admiration ce digne Gouverneur, non ſeulement
aſſis avec les Sages d'Iſraël, dans cet âge où les jeunes inſenſez ſe livrent à l'égarement des paſſions,
mais tenir la premiere place dans le Conſeil des
Rois & ſe former par un emploi important au glorieux fardeau dont il fut chargé : il en partagea
l'honneur avec Mr l'Abbé de Fenelon, qui exerçoit
avec éclat dans l'Egliſe le ſacré miniſtére de la parole, avant que de paſſer à celui qu'il honora ſi

je l'ose dire, autant qu'il en fut honoré.

Vous le voïez, MESSIEURS, quel heureux assemblage de circonstances favorisoit la piété naissante de MONSEIGNEUR LE DUC DE BOURGOGNE, origine, naturel, éducation, exemple, toûjours croissant d'un Ayeul, qui dès le milieu de sa course parvenu au comble de cette gloire qui fait les Conquerants, ne pouvoit plus l'acroître qu'en sanctifiant le Heros prophane par le Chrêtien.

Mais que ne fit point notre Prince pour répondre aux desseins de Dieu, & pour s'acquitter en quelque sorte de ce qu'il devoit à tant de droits que la Religion s'étoit acquis sur lui. Vous le dirai je, MESSIEURS, en peu de mots, il sanctifia les sciences par les lumiéres de cette Religion même, il fit la Guerre par ses maximes; il soûmit les privileges de sa grandeur à la severité de ses loix, il sacrifia sa vie & sa Couronne à sa foi & à ses esperances.

Comme il y a une science avillie qui dégrade l'esprit de sa Noblesse; il y a une certaine érudition convenable aux Princes & digne de monter avec eux sur le Trône: elle donne du poids & de la dignité à leurs paroles, elle retrace les évenemens de tous les siécles pour regler leur conduite, elle répand je ne sçai quelle politesse auguste sur toute leur vie. C'est pour cela que Dieu voulant faire de Salomon, le plus grand des Princes, versa dans son esprit tous les trésors de la science, il disputa depuis le Cedre jusqu'à l'Hysope, tous les secrets de la nature les plus cachez lui furent découverts, & une doctrine sans bornes, fut l'ornement d'une sagesse sans exemple.

En effet, la science qui distingue si avantageusement les hommes dans les conditions privées, releve encore plus les Rois, & comme elle reçoit un nouvel éclat de leur majesté, elle ajoûte un nouveau prix à leur personne. Ce riche ornement de l'esprit humain, fit juger ceux qui le possedoient dignes du Diadême dans les premiers siécles du monde, où cét avantage étoit d'autant plus précieux, qu'il étoit rare. Ainsi les plus illustres Conquerants ont voulu réünir la gloire des Lettres avec celles des Armes, & ces deux sortes de mérites qui ont disputé le prix dans les plus fameuses Republiques.

A la verité Dieu qui est la source des sciences les répand sur l'esprit de certains Rois, David conduit de la garde des Troupeaux sur le Trône d'Israël, reçût un dégré d'intelligence audessus des Vieillards pour recompense de sa fidelité à la loi de Dieu. *Et sans le secours d'aucune litterature, entroit dans les puissances du Seigneur,* dont il a revelé tous les Mystéres; nous admirons un Monarque, en qui l'ouvrage de Dieu acheve en sortant de ses mains, n'a presques laissé rien à faire au travail de l'homme. Mais c'est un prodige singulier dans un Prince où tout est merveilleux. Les richesses de la science que Dieu avoit infusez dans l'esprit du premier homme, se perdirent dans ce funeste nauffrage, où son peché ensevelit toute la nature humaine.

& nous ne recueillons qu'avec de grands efforts
quelques débris de cette perte generale. Heureux
les Princes qui à l'exemple du notre penſent moins
à orner leur eſprit qu'à le nourrir par cette ſcience
de Religion, qui entretient dit le Sage, la crainte
du Seigneur. Il parcouroit les Poëtes, les Orateurs & les Hiſtoriens prophanes ; mais il faiſoit ſervir les amorces de la curioſité aux ſaints
uſages de la piété. Il conſacroit à la Religion les
fruits de ſes lectures, il étudioit Jeſus-Chriſt cruci-
fié, dans ceux même qui en ont ignoré le myſté-
re ; il cherchoit à connoître l'antiquité ſacrée, en
remontant juſqu'aux ſiécles les plus reculez de la
Prophane. Ainſi en devenant plus habile, il ſe rendoit plus pieux, il preferoit la manne des Ecritu-
res - Saintes à toutes les viandes legeres d'Egypte.
La Cour a fait plus d'une fois ſes agréables entre-
tiens de la ſageſſe de ſes réponſes, elles paſſoient
dans les Relations publiques de la Ville aux Pro-
vinces, & toute la France y liſoit avec plaiſir les
traits naiſſants d'un Prince parfait, & comme les
preſages de ce que devoit être un jour l'heritier de
la Couronne. Helas ! MESSIEURS, ce n'eſt
pas lui, c'eſt la mort qui a trompé nos eſperances,
s'il eût monté ſur le Trône, le Regne de LOUIS
LE GRAND continué dans le ſien, eût re-
nouvellé celui des FRANÇOIS, des CHARLES
& des AUGUSTES.

Ce ne ſont pas ici des loüanges flatteuſes, je
vous atteſte illuſtre dépoſitaire de ce tréſor, dont

*Scientia re-
ligioſius ti-
mor Domi-
ni.*

vous avez rendu un compte fi fidelle à Dieu , à la France & à fon Roi , & qui avez cultivé avec tant de foin cette plante précieufe qui vous fut confiée , vous vous repofiez fur la pénétration de votre Augufte éleve , lorfque vous envelloppiez fous des ombres lumineufes la morale des Princes : le notre pénétra tout le fens myfterieux de ces belles leçons cachées , dans l'ingenieux tiffu d'ornements , fous lequel un grand maître a déridé le front auftere de la vertu , en marchant fur les traces des premiers Sages du monde, qui fçavoient couvrir les lumiéres de la verité fous les fubtils nuages de la fable , avant que la fageffe adorable en envellopât les oracles fous les voiles des figures & des paraboles.

Reconnoiffez votre perte illuftres, amateurs de ce loifir à qui nous fommes redevables des pures & innocentes voluptez de l'efprit ; vous avez perdu dans ce Prince un jufte eftimateur de ces fleurs immortelles , que ceux qui en ignorent le prix , foulent fi fouvent aux pieds , & qui tenant la balance d'un parfait difcernement dans l'équilibre , ne l'auroit fait pencher qu'en faveur du vrai mérite des ouvrages , & qui eût rapporté les fruits de vos veilles à l'utilité de la Religion, comme il a fçeu faire la Guerre par fes maximes.

Nous l'avons vû dès fes premiéres années marcher fur les traces de notre belliqueux D A u p h i n, modelle immortel d'obéïffance & de valeur ; nous l'avons veu , dis-je , recevoir l'épée redoutable à l'Empire , rendre les coups d'effai de fon courage

fameux

fameux , par la prife d'une des plus fortes Places de
l'Europe , & par la journée glorieufe de Nimegue :
Mais la Conquête de Brifac, & le gain d'une Batail-
le ne furent pas les plus beaux trophées que notre
Prince religieux remporta dans cette premiére Campagne. Il tira plus de gloire des vices domptez que
des ennemis vaincus , la licence des Troupes ban-
nie , la difcipline Militaire obfervée , le blafphême
puni , les fages confeils écoutez , firent fa principale gloire.

Il n'eft que trop ordinaire de voir des Princes
emportez par cette fureur aveugle , à laquelle les
hommes ont donné le nom de valeur , & qui brû-
lant d'une foif infatiable de gloire , verfent des fleuves de fang humain pour l'éteindre. Mais la Religion couronne de fes plus beaux lauriers un Heros Chrêtien , qui en de certaines conjonctures
fçait méprifer le vain éclat d'une journée , où le
fort inégal des armes , laiffe plus à craindre qu'à efperer pour un Roïaume.

Les efprits éclairez à qui j'adreffe cette partie de mon Difcours , percent aifément les voiles
qui la couvrent , ils ne jugent pas avec les paffions
du vulgaire le fage General , qui n'expofe point te-
mérairement au fort inégal des Armes , le dépôt
d'un million de vies confié à fa prudence plutôt
qu'abandonné à fa valeur. Alors il eft vrai , la reputation des Princes eft quelquefois livrée aux fri-
voles converfations de ces hommes *qui ont reçû leur
ame en vain* : Car quelle fageffe de conduite échappée

H

à la temerité des jugemens, & à l'indiscretion des paroles ; mais quand le monde insensé lâche le frein
à l'immoderation des langues, les Sages se taisent ;
ils admirent en secret un Prince lent à tirer le glaive, dans ces occasions où la perte de l'ame est souvent jointe à celle de la vie, qui s'élevant audessus des vains discours, a le courage de ne chercher
que Dieu pour témoin, lorsqu'il est en spectacle
au monde, & qui content du témoignage de sa
conscience, dût-il même lui en coûter un peu de
gloire, sçait observer les grandes maximes de la
Religion, lors qu'elle seule en doit être la recompense. Cette Religion qui regla la conduite du
Dauphin dans la Guerre, fut dans la Paix le
preservatif de son cœur contre le poison du vice :
Quelles précautions ne prît-il pas contre cét écueil
fameux où les David, & les Salomon se perdirent, & autour duquel flottent pour ainsi dire,
les débris de tant de naufrages.

C'a été un grand exemple à la Cour de voir un
jeune Prince éloigné des spectacles prophanes, les
condamnant par son exemple, bien plus hautement
qu'ils ne le font par les Anathêmes, dont les Saints
Peres les ont tant de fois frapez. Ce fut une chose nouvelle aux yeux du monde, que la vertu sevére du Duc de Bourgogne dans cét âge,
où les passions affranchies d'une longue servitu-
de s'emportent avec violence environné de tout
ce qui flatte les sens, & de Courtisans prêts à encenser ses foiblesses, ou d'en devenir les ministres,

au premier figne d'un cœur qui fe fût laiffé amol-
lir par les délices. Dans la douce pente des plai-
firs, & à la vûë de ces fentiers fi fleuris & fi riants
du vice, qui détournent fi aifément des voïes pé-
nibles & épineufes de la vertu. Ce fut, dis-je, un
prodige d'y admirer un chafte Jofeph, infenfible
aux charmes de la volupté.

Il marchoit avec une fage circonfpection au milieu des précipices cachez fous fes pas, fermant les
yeux aux attraits du plaifir, l'oreille au poifon de
la médifance, la bouche à la raillerie, fe permet-
tant d'autant moins, qu'il fe voyoit en quelque
forte tout permis, regardant la place qui met ce
femble audeffus des loix, comme une obliga-
tion plus étroite de les obferver, comme un lieu
éminent, d'où le bon & le mauvais exemple plus
facilement répandus, demandent plus de foin d'é-
viter l'un & de donner l'autre; eft ce l'Eloge de
Saint Louis que nous faifons, ou celui d'un Prince
qui l'a parfaitement imité.

Combien de traits admirables dans la vie de ce
Prince, demanderoient une place dans cét Eloge.
Un Officier moins poli Courtifan que Guerrier
habile, prend à fa table fans le fçavoir, une place marquée pour un autre, averti de fa faute, il
s'en excufe èn Cavalier blanchi fous le harnois,
mais peu inftruit des manieres du monde, le Prince lui dit en foûriant; je vous pardonne avec plaifir
Monfieur, une chofe qui m'a fait connoître un brave
homme; cependant pour vous punir, je vous invite

à venir soûper ce soir avec moi , vous m'apprendrez le métier de la Guerre, & moi les bienseances de la Cour.

La bonté que nous admirons dans cette réponse , nous fait souvenir que la vertu du Fils étoit celle du Pere ; cette bonté Royale étoit dans notre dernier D A U P H I N , comme le ruisseau qui couloit de source. Elle étoit peinte dans les yeux, & les manieres de l'un : elle paroissoit dans les paroles & les actions de l'autre ; la douceur , la clemence, la liberalité accompagnoient la douceur dans celui-là ; la sagesse , la Religion , la gravité la relevoient dans celui ci ; le premier étoit bon par inclination , & par naturel , le second l'étoit par reflexion & par choix. Ainsi nous pleurons tout ensemble le Prince qui avoit mérité toute notre estime , & celui qui avoit gagné tout notre amour, & sans faire de paralelle, entre le Pere & le Fils , également chers à la France, sensibles à notre douleur presente ; nous trouvons que les dernieres de nos larmes sont les plus améres.

Quelles précautions ne prît pas notre Prince religieux , pour mettre à une sainte reserve le prix d'iniquité qui doit être l'instrument de la vertu, le fonds destiné à ses plaisirs , devient par sa charité le fonds reglé de ses aumônes ; la bienseance & la grandeur demandent-elles quelque dépense, ses mains toûjours prêtes à s'ouvrir pour le pauvre , semblent se fermer pour le Prince ; il plaint une somme médiocre pour un D A U P H I N , qui

feroit un fecours abondant pour un miferable. L'i-
mage d'un Officier dans l'indigence s'offre à fon efprit ; il fe fait un fcrupule d'abandonner au hazard,
ce qui peut être un dépoft facré entre les mains
de Dieu.

Le Roi lui ouvre les tréfors de fon épargne, il
lui permet le choix & l'ornement d'un féjour cham-
pêtre, convenable à l'heritier de la Couronne, mais
il craint d'ôter aux befoins de l'Etat, ce qu'il don-
neroit à la magnificence.

Quelles grandes vûës n'avoit-il pas , non pour
étendre les limites d'un Royaume, mais pour affûrer le repos des Peuples, non pour fe faire craindre , mais pour fe faire aimer ? O vous qui avez
été les dépofitaires de fes plus fecrettes penfées, dé-
ployez nous les tréfors de ce cœur vraiment Roïal,
mais plutôt cachez-nous la grandeur de notre
perte , ôtons quelque chofe à fa gloire pour
adoucir notre douleur. O France ! par quels crimes as-tu mérité que Dieu t'ôtât un Prince qui te
donnoit de fi douces efperances, peut-être que le
cours d'une longue profperité a rendu tes Peuples
coupables de cét orgueil qui attire les châtimens
de Dieu fur leur tête : ta Nation fe voïant tant de
fois fuperieure aux autres liguées contre elle, s'eft
livrée à cette enflure de cœur , qui foûleve le ver
de terre contre le Ciel ; nous avons crû ne devoir
qu'à nos forces & au grand genie de notre Monarque , les victoires que nous tenions du Dieu des
Armées ; nous avons dit, c'eft notre main & non

pas celle du Seigneur, qui a fait ces choses. Humilions-nous donc profondement, sous la main qui nous frappe ; ne cherchons qu'au dedans de nousmêmes la cause de nos malheurs. Loin *ces impies & audacieux Semei,* qui outragent sans respect David fugitif devant Absalon ; ces hommes qui osent porter un œil curieux & temeraire, jusques dans le secret impenétrable des desseins de Dieu sur les Princes, quand il les visite par l'affliction, qui au lieu de se confondre à la vûë *de la playe cachée de leur ame, détractent des Dieux de la Terre,* & attaquent l'Oint du Seigneur, toûjours venerable à ses Peuples, mais jamais plus grand que dans l'adversité, sur tout quand il en triomphe par sa constance.

A la verité Dieu nous a ôté une partie de ses bienfaits, mais le plus estimable de tous, nous demeure encore ; offrons nos têtes au Seigneur, pour qu'il épargne celle à qui notre bonheur est attaché ; redoublons nos vœux, afin que la longueur de son Regne ne tienne pas moins du prodige que sa vie, & que tout en lui passe l'ordre des choses humaines. Les mains du Roi David teintes du sang des Philistins, ne furent pas trouvées assez pures, pour construire le Temple dont il avoit conçû le dessein, & la gloire en fut reservée à son fils Salomon : LOUIS LE GRAND, occupé dans les Guerres du Seigneur, sembloit devoir laisser à notre Prince religieux, la gloire d'achever ce grand Temple de la Paix, où toutes les Nations de l'Europe doivent entrer ; mais nous esperons que le

belliqueux David, & le pacifique Salomon, feront
réûnis dans fa perfonne, qu'il affermira l'édifice
dont il a jetté les fondemens, & que la felicité
des Peuples couronnera l'ouvrage de fa gloire! Seigneur, accompliffez par le miniftere de l'Ayeul,
les deffeins du petit Fils ; vous de qui viennent les
faints defirs, *& qui exaucez la préparation du cœur,*
vous avez vû dans ce riche fond tout ce qu'il devoit produire, vous couronnez maintenant tout
ce qu'il a fait & tout ce qu'il a voulu faire, ce fruit
qui nous a parû moiffonné dans fa fleur, eft devant vous un fruit digne de juftice, & meur pour
le Ciel ; nous feuls fommes à plaindre, nous qui
avons perdu l'efperance de ce beau Regne, dont
vous aviez formé le plan dans fon ame, & dont
il n'a eu le tems de nous montrer que l'ébauche.

C'étoit, Messieurs, pour nous en faire
voir un jour la realité qu'il oublioit le plaifir, ou
qu'il le trouvoit dans une ferieufe application aux
affaires ; criminels diffipateurs du tems, confon-
dez-vous à la vûë d'un jeune Prince, qui ménage
les inftants, quand vous confumez les jours & les
nuits, qui fevére cenfeur de lui-même pefe au poids
du fanctuaire, la plus legere portion de ce tréfor
ineftimable. Il compte les momens qu'il a donnez
à la chaffe, comme derobez à l'accompliffement
de fes devoirs, & bien loin de s'abandonner à des
paffions criminelles, il fuit jufqu'à l'ombre du péché dans les plus innocentes. Loin de la vie mo-
le & inutile des Cours, il ne laiffoit aucune par-

tie vuide dans le jour, pour ne laiſſer aucune porte ouverte à l'ennemi; bien different de ces Rois ſi
mépriſables dans les premiers ſiécles de notre Mo-
narchie, qui n'offroient aux Peuples qu'un vain
fantôme de Royauté ſous le Dais, & que l'on vit
juſtement tomber du Trône qu'ils avoient désho-
noré par leur indolence; il avoit devant les yeux
le grand modele d'un Monarque, toûjours agiſ-
ſant & toûjours tranquille, & dans l'eſprit la ré-
ponſe de cét Empereur *qui voulut mourir de bout;*
il s'eſſayoit au fardeau penible de la Couronne, &
aux ſoins laborieux du Diadême, pour n'en être
pas accablé, quand ſon poids viendroit à tomber
ſur ſa tête, ſans en avoir fait aucune épreuve.

Vous rendrez témoignage à la poſterité du ſaint
uſage qu'il faiſoit du tems, digne fruit de ſes reflexions, reſte précieux de ſon eſprit, maximes
remplies d'érudition, de piété, & de lumiére, où
la ſageſſe qui ſe plaît à parler par la bouche des
Princes, ſemble avoir rendu de nouveaux Oracles
par le notre: Tableau naturel de ſon ame, vrayement Royale, où il s'eſt peint ſans y paſſer lui-
même. Excellent abregé de la ſcience des Rois,
qu'il étudioit & méditoit avant que de la mettre
en pratique: vous êtes la plus ſolide conſolation
de ſa perte, & vous ſervirez peut-être un jour de
leçon publique aux Monarques, comme ſa vie leur
ſera propoſé pour exemple.

Arrêtons-nous ici, MESSIEURS, prenons
en main le poids du ſanctuaire, car les balances des

hommes

hommes font fauſſes & trompeuſes, *mendaces filiø hominum in ſtateris :* c'eſt la Religion ſeule qui peſe les actions, & les vies des Princes : Prenons, dis-je, en main ce poids ſacré, mettons d'un côté, tout ce que le monde a de plus éblöuiſſant, Trône, Diadême, Victoires, Triomphes, Gloire, Acclamations : Combien nous paroîtra leger tout ce grand vuide des vanitez humaines, comparé avec la vie de notre D A U P H I N. *Le Juſte meurt, & perſonne n'y penſe ;* Perſonne n'entre dans ces profondes reflexions, que la foi preſente ſur le ſort different des Juſtes & des Impies, après la mort : ils paroiſſent également enſevelis dans la pouſſiere, tous les objets prennent pour ainſi parler, la couleur de cette ſombre & affreuſe nuit du tombeau ; mais portez le flambeau de la Religion dans ces ténébres, vous verrez notre Prince briller d'un Diadême immortel de gloire, le torrent des choſes humaines paſſe, & entraîne dans l'abîme où il ſe perd tout ce qui ſe trouve dans ſon cours ; mais ce que la grace en a ſeparé ſe conſerve.

Vous le voyez, M E S S I E U R S, nous terminons ſon Eloge comme celui des Heros ſacrez, à qui l'Egliſe rend un tribut annuel de löuanges dans ſes ſolemnitez : nous cherchons dans ſa vie, des fautes que nous ne trouvons point pour ſervir de matiere au ſacrifice offert, pour lui ſur nos Autels, & nous preſentons la Victime d'expiation, comme une hoſtie de löuanges, moins pour appaiſer la juſtice de Dieu, que pour rendre des graces éternelles à ſa miſericorde.

Ce ſeroit ici l'endroit de vous faire admirer notre Prince mourant en Heros Chrêtien , & décou-
vrant à toute la Terre la ſolidité de ſa vertu , lorſqu'elle ſe ſoûtient ſous le débris de ſa gloire ; mais
puiſque je dois vous rapeller encore cette funeſte
image , en vous montrant notre déplorable Princeſſe , qui entre la premiere dans le combat ; ne ſe-
parons pas ce que la mort a ſi triſtement raſſemblé : reſervons - nous à pleurer ſur ces deux triſtes
objets réünis à la fin de cét Eloge ; partageons le
foible tribut de nos loüanges , entre l'Epoux & l'E-
pouſe , après avoir entendu les plaintes de la Religion , écoutons les gemiſſemens de la France,
pleins du ſpectacle édifiant d'un Prince religieux,
au comble des grandeurs : Arrêtons nos regards
ſur un grand exemple des fragilitez humaines.

Vox in rama audita eſt, planctus & ulalatus multus Rachel
plorans filios ſuos , & noluit conſolari quia non ſunt. Jerem.
cap. 31.

Nous avons étendu la voix de Rachel , l'air a été rempli de ſes longs gemiſſemens , & des cris douloureux de
cette mere infortunée , pleurant ſes enfans , & ne voulant recevoir aucune conſolation. *Jeremie chap.* 31.

II. Point. VO u s rapellerai-je , MESSIEURS , l'hiſtoire de Rachel , ou plutôt ne ſe preſente-
t-elle pas à vos eſprits , renouvellée dans la triſte
deſtinée de notre illuſtre DAUPHINE : Vous le
ſçavez la fidelle Epouſe du vertueux Jacob, lui fut

ravie au plus beau de ses jours , après lui avoir
laissé dans Joseph & Benjamin , deux fruits précieux de sa fécondité : Elle mourut soûmise aux
ordres du Ciel , mais pénétrée de la plus vive douleur , que peut sentir une Epouse & une mere ;
quand une mort avancée rompt les plus forts liens ,
que ces deux Noms si tendres peuvent former sur
la Terre.

ADELAIDE , ornée des mêmes vertus &
des mêmes graces , vient d'éprouver le même sort ;
il me semble que j'entends la voix de cette *Rachel*
mourante , qui ferme son cœur à toutes les conso-
lations humaines , & qui sentant les approches d'u-
ne separation violente , demande à la Religion
quelque liberté pour les sentimens de l'amour & de
la nature : O mort ! est-ce ainsi que tu separes ?
siccine separas amara mors ? Est-ce ainsi que tu enleve une jeune Princesse aux yeux d'un Monarque,
dont elle avoit comblé les benedictions , entre les
bras d'un Epoux,dont elle faisoit les délices,du sein
de ses augustes Enfans,sa joye & sa Couronne?Est-ce
ainsi que tu la ravis aux hommages d'une Cour dont
elle étoit l'ornement , aux vœux des Peuples dont
elle devoit faire la felicité , dans la fleur de ses plus
belles années , au milieu de la pompe & de la gloire ? Trône , Sceptre, Couronne, Jeunesse , Beauté,
Grandeurs , Plaisirs , en un mot ,tout ce que le siécle a de plus éclattant assemblé sur une tête, *siccine*
separas amara mors : il me semble, dis-je, entendre
ces plaintes sortir de la bouche d'une Rachel mou-

rante , & inconfolable. Helas ! comment auroit-
elle pû refuser des gemiffemens à une épreuve fi
douloureufe , elle qui en a fenti toute la rigueur,
puifque nous avons peine à retenir les notres, nous
qui ne faifions qu'imaginer ce qu'elle a fouffert.

Confolez-vous trifte Princeffe, vous ignorez les
déplaifirs mortels que vous épargne votre mort
avancée de quelques jours : les épines font cachées
fous les Diadêmes, le Trône a fes amertumes auffi bien que fes douceurs, confolez-vous de laiffer
la vie avant que d'avoir éprouvé fes difgraces , les
Reines , & les Princeffes comme vous n'en font pas
exemptes , & ces brillantes idoles que le monde
expofe à l'adoration des hommes , ne font que trop
fouvent des Victimes fecrettes qu'il facrifie fous
le voile de leur apparente felicité.

Le Dieu qui a vaincu la mort a rempli notre
Princeffe d'une force victorieufe de ce qu'elle a de
plus terrible. Cette même grace qui dans les premiers fiécles de la Religion , armoit de jeunes
vierges , d'une fainte fureur contre-elles-mêmes,
en leur faifant livrer avec joye leurs corps inno-
cens à toute l'horreur des fupplices , cette même
grace a triomphé dans un fexe, & dans un âge,
où la victoire coûte de fi grands efforts à la nature. Nous avons vû avec étonnement celle que les
jeux & les ris , les vertus , & les graces avoient
toûjours fuivie, mourir en Heroïne Chrêtienne : ô
PRINCESSE ! digne d'un plus heureux fort ?
Faut-il voir trancher par un coup fatal ce long tiffu

de jours heureux & floriſſans, que tout ſem-
bloit vous promettre ? c'étoit donc pour une fin ſi
déplorable que vous aviez été formée dans l'Ecole
de la ſageſſe, nous eſperions de vous voir remplir
dignement cette grande place que les Clotildes,
les Blanches & les Thereſes ont honorée : Mais
helas ! ces leçons de vertu dont votre ame s'étoit
nourrie, ne devoient ſervir qu'à vous faire abandonner le Trône ſans regret ?

Mais quoi notre douleur ſe reduira-t-elle à d'i-
nutiles regrets, n'aurons-nous point quelques
fleurs à mêler parmi les larmes que nous répan-
dons ſur ſon Tombeau ; l'inconſolable Jacob après
avoir rendu le tribut de ſon deüil à Rachel ſa fi-
dele Epouſe, lui dreſſa de ſes propres mains un
Mauſolée, avec cette inſcription : *C'eſt ici le Tombeau de Rachel*, l'arbre ſous lequel elle fut enſevelie,
& qui rend encore venerable dans les Livres Saints,
le lieu qui couvrit ſes triſtes dépoüilles, fut appellé le chêne de pleurs. Helas ! qui l'auroit crû qu'un
même Tombeau dût renfermer, ADELAIDE
& LOUIS, & qu'une mort cruelle dût ravir à
l'Epoux de notre PRINCESSE, la conſolation
que trouva ce Patriarche affligé, dans le devoir Funebre qu'il rendit à ſa vertueuſe Rachel, ſa douleur
eût pû ſe ſoulager dans un digne Eloge, mais mon
miniſtere m'a ſubſtitué à ſa place.

Je vous preſenterai celle dont nous déplorons
la perte, ſous deux Tableaux differens ; dans l'un
vous-verrez un déplorable exemple de la fragilité

des grandeurs humaines : dans l'autre vous admirerez un effort heroïque de la fermeté Chrêtienne : Vous entendrez dans la voix de notre Rachel mourante, la voix de la nature qui pleure ce qu'elle sacrifie, & celle de la Religion qui sacrifie ce qu'elle pleure ; puissai-je vous édifier en vous attendrissant, exciter la compassion dans vos cœurs, pour les ouvrir à la penitence.

Dieu enleve du monde une DAUPHINE dans ses plus beaux jours ; c'est une Victime qu'il sacrifie à l'instruction de tous les hommes, il met pour ainsi dire, le tableau du monde ancanti dans un lieu élevé, pour en découvrir la vanité à un plus grand nombre de spectateurs : Il appelle au pied de ce Tombeau, les Rois, les Princes, les Grands & les Peuples, pour leur montrer les tristes restes où se reduisent le vains objets de leur cupidité, & lorsque nous montons dans le lieu Saint, pour rendre un tribut de loüanges à une Princesse Chrêtienne, ce n'est pas pour encenser l'idole du siécle, mais pour en déplorer la fragilité dans sa chûte

Ainsi, MESSIEURS, pour nous tracer une image vive dont nous soyons frappez, considerons notre DAUPHINE, depuis sa naissance jusques au jour glorieux qui en fit l'Epouse d'un heritier de la Couronne ; ensuite representons-la depuis le moment qui forma les nœuds d'une auguste Alliance, jusqu'à celui qui les a rompus, & avec eux tous les liens qui l'attachoient à la vie : dans l'un de ces Tableaux, nous verrons tout ce qui peut

concourir à faire une Princesse, grande sur la Terre ; dans l'autre, tout ce qui peut conspirer à la
rendre heureuse selon le siécle ; & après l'avoir con-
siderée au comble de la gloire, & des délices, nous
la verrons au lit de la mort précipitée du faîte
des grandeurs & de la felicité, dans l'abîme de la
misére humaine.

Ne mettons point la grandeur de la naissance,
au nombre des choses qui ne peuvent entrer dans un
Eloge Chrêtien, après que le Roi de gloire engendré
dans les splendeurs des Saints a voulu naître dans
le tems, parmi la gloire des Patriarches, des Rois
& des Pontifes, ses Ancêtres, & que cette fleur de
Jessé est sortie du Trône le plus illustre de l'U-
nivers : Il est beau de recüeillir en naissant une
longue succession de gloire & de vertus acquises
pendant plusieurs siécles : cet honneur est sur-tout
à desirer pour les Princesses, qui ne pouvant aspi-
rer aux vertus des Heros & des Conquerans, sont
heureuses quand elles doivent à leur sang cette sorte d'éclat, que leur sexe ne leur permet pas d'ac-
querir.

Celles de Savoye le reçoivent avec la vie, elles
semblent n'entrer dans le monde que pour lui donner des Imperatrices, & des Reines, leur Sang
fut mêlé tant de fois à celui des Monarques, &
le sang de nos Rois a été si souvent confondu avec
le leur, qu'on peut dire que ce lustre étranger en-
tré dans leur Maison, lui est en quelque maniére
devenu propre. Notre DAUPHINE, reçût ce ri-

che heritage avec la vie. Au tour du berceau de
ces enfans Augustes , il se répand je ne sçai quel
éclat qu'ils sentent, pour ainsi dire, lorsqu'ils l'ignorent , comme ils croissent parmi les hommages
des Peuples , il se forme dans leur ame une secret-
te impression de Grandeur , qui se fortifie en eux
avec les années ; ils regardent comme une partie
d'eux-mêmes , tout cét éclat emprunté qui les environne , ils se connoissent grands avant qu'ils se
connoissent raisonnables : De-là ces premiers traits
qui brillent dans les commencemens de leur vie,
ces paroles remarquables qui leur échapent , & qui
comme des raïons de gloire , perçant les nuages
de leur enfance , font entrevoir ce qu'ils doivent
devenir.

Il me seroit facile, Messieurs, de recüeillir dans cét Eloge ces heureux présages, en faveur
de notre Princesse ; puisque dès ses premieres années ce précieux ornement de la Cour de Savoye,
passa dans celle de France : nous avons vû croître
en elle, la douceur , la modestie, la piété , la sagesse, la pudeur, l'esprit ; en un mot toutes les vertus
de son sexe parmi toutes ses graces.

La destinée des Princesses , est en un sens plus
heureuse que celle des Princes, en ce qu'elles sont
des presens que le Ciel fait au monde , pour y
éteindre le flambeau de la discorde : Elles sont en-
voyées pour ainsi dire , comme des Colombes ce-
lestes , qui portent dès le berceau , le signe de la
paix qu'elles annoncent : la notre prit le vol des
Monts

Monts de Savoye fur ceux de la Seine, avec cét
heureux préfage, il n'y avoit rien de trop grand
ni de trop accompli fous le Ciel, pour le petit Fils,
de LOUIS LE GRAND, & l'heritier de
fes vertus, comme de fon Trône : telle devoit être
la Compagne que Dieu vous deftinoit; ô Prince
digne objet de nos loüanges & de nos larmes. Mais
eft-ce le tems de rapeller dans cette Ceremonie Funébre, le jour glorieux où fe formerent ces nœuds
facrez, qui devoient être fi-tôt rompus; trifte
fonction de notre miniftere, qui nous oblige à raf-
fembler dans un même Difcours des chofes fi contraires. Comme la vie des Grands eft traversée
par les difgraces, les Eloges que nous en faifons
font entre-coupez de plaintes, & à peine pouvons-nous fixer un moment nos regards fur
leur profperité, qu'ils en font détournez par les
triftes évenemens qui la troublent : Ces grands ta
bleaux de leur vie préfentent à nos yeux les extremitez des revolutions humaines, ils raffemblent
dans un même fujet le Trône & le Tombeau, la
pompe du lit Nuptial, & l'horreur du lit de la
mort, le Diadême fur le front qu'il couronne, &
fous le voile de deüil qui le couvre, des abîmes de
malheur qui effraïent, auprès des élevations de profperité qui ébloüiffent.

Mais fufpendons nos plaintes fur la fragilité de
leurs Grandeurs, pour confiderer notre Princeffe élevée à la plus haute place qu'une Fille du fiécle puiffe
remplir à côté d'un Epoux mortel, D U C H E S S E

K

DE BOURGOGNE, DAUPHINE DE FRAN-
CE : ô monde ! tu n'as rien de plus grand à donner à ceux que tu favoriſe ; tu éleve pour un tems
ces fantômes lumineux & les expoſe au grand jour
du ſiécle , pour les faire diſparoître dans la nuit du
ſepulchre , ſemblables à ces feux qu'un artifice paſ-
ſager , pouſſe avec effort dans les airs , où ils laiſ-
ſent une trace preſque imperceptible de lumiére , &
qui ſe diſſipent après un peu d'éclat & de bruit.

Ces triſtes ſcenes , que les revolutions de la vie
expoſent ſur le grand theâtre du monde, troublent
pour un tems la paix funeſte de ſes eſclaves , & leur
arrachent tout au plus quelques retours ſur eux-
mêmes ; mais après ces troubles paſſagers , ces malheureux léthargiques retombent dans leur premier
aſſoupiſſement ; quelques-uns attendris ſur le ſort
d'une jeune Princeſſe , enlevée dans la fleur de ſes
ans , bornent tout le fruit d'un ſi grand exemple,
aux émotions ſteriles d'une humaine ſenſibilité ;
combien de Gens qui ne s'entretiennent que d'inu-
tilitez , & ne tirent de ces triſtes évenemens que la
matiere de leurs vaines converſations , l'amuſement de leur vie molle , & l'amorce d'une avidité
inſatiable , d'entendre ou de dire des choſes nouvelles.

L'illuſtre Morte que nous pleurons , nous affli-
ge par ſa fin déplorable : mais nous-a-t-elle con-
vertis ; l'exemple de ſa mort dans une floriſſante
jeuneſſe , nous trouve peut être inſenſibles , dans
un âge avancé ; combien y en a-t-il parmi nous ;

qui aïant paſſé les bornes de la vie ordinaire, &
ne traînant qu'à peine un fardeau inutile de la terre, rendroient plus difficilement à la nature le tribut de leur corps caduc & usé, où la mort s'eſt peinte d'avance, que notre Princeſſe n'a ſacrifié ſa Jeuneſſe, ſa Grandeur & ſa Gloire.

La vanité pouſſe l'illuſion du charme juſqu'au
bout, elle couvre les triſtes reſtes de ces Majeſtez
anneanties, de toutes les marques de leur Grandeur paſſée : elle traîne ces Victimes immolées ſur
des Chars éclattans, dont la pompe laiſſe à peine
remarquer le deüil ; elle porte un tribut humiliant
aux vers & à la pourriture, parmi l'aſſemblée des
Gardes, le concours des Peuples, la lumiére des
flambeaux, les images des Sceptres, & des Couronnes ; elle change le lugubre attirail de la mort,
dans un ſuperbe appareil de triomphe : de ſorte
que le ſpectateur trouve dequoi repaître ſa curioſité dans le triſte objet de leur miſére. Foibles que
nous ſommes, nous nous laiſſons preſque éblouïr
aux marques d'une grandeur qui va diſparoître
pour jamais : à voir la pompe qui ſuit les Princes
juſques dans le tombeau, on ne ſçait preſque s'ils
montent ſur le Trône, ou s'ils en deſcendent, ſi
c'eſt le jour de leur Couronnement ou celui de leur
ſepulture, ſi c'eſt la feſte de leur naiſſance, ou la
Ceremonie de leurs funerailles.

Rentrons dans nous-mêmes, MESSIEURS,
& ſi ce n'eſt pas aſſez pour nous inſtruire d'avoir
vû notre DAUPHINE, tomber du faîte des gran-

deurs , voyons-la précipitée du comble des felicitez humaines dans le Tombeau.

Les Grands ne font pas toûjours heureux; les Palais des Princes ne font pas impénétrables aux cha-
grins , aux dégoûts : l'on y voit que trop souvent
renouveller les playes qui convertirent en sang toutes les sources d'Egypte , & qui firent naître de vils
incestes jusques sous le Dais : La felicité des Princes , n'est ordinairement que dans le dehors , & ne
va pas jusqu'à la source , le cœur nage dans le fiel
& dans l'amertume , quand un fleuve de douceur
& de délices coule au tour de la personne.

Mais notre Princesse étoit aussi heureuse qu'elle
paroissoit l'être, Dieu n'avoit encore versé sur sa
vie aucun de ces poisons secrets , qui en corrom-
pent toute la douceur : Santé , Beauté , Jeunesse,
Naissance , Epoux , Ayeul , Enfans ; tout con-
couroit à faire pour elle une realité , de ce qui n'est
souvent dans les autres qu'une apparence.

Une des choses qui contribuë le plus au bonheur des hommes , c'est le mérite personnel , c'est
la complaisance que l'on tire des avantages du corps
& de l'esprit : ce furent les premiers titres de domination qui firent les Rois & les Reines du premier âge du monde. Jusques sous le Dais & sur le
Trône , ils attirent des hommages où les droits de
la Roïauté n'ont point de part ; une ame vraiement
grande n'est que foiblement touchée des devoirs
interressez rendus à son rang , plutôt qu'à sa personne ; elle donne un prix tout autre à cét empire

fecret, que la force du mérite exerce fur les cœurs ;
or parmi ces avantages de la nature, les Princeffes
eftiment fur tout celui qui eft regardé comme le
partage de leur fexe. Nous fçavons combien le Ciel
en fut liberal envers la notre. Il eft vrai que *la Fem-
me qui craint le Seigneur, mérite feule d'être loüée*, cependant, nous lifons que toutes les faintes Heroïnes d'If-
raël porterent les graces avec les vertus en dot aux
Saints Patriarches, dont elles furent les Epoufes,
nous fçavons que Dieu conferva la beauté d'Efter
fous la cendre & le cilice, pour lui faire trouver grace devant Affuerus ; qu'il rehauffa même les cha-
ftes attraits de Judith, & l'éclat de fa parure, pour
délivrer fon Peuple opprimé, afin de nous apprendre que la beauté fragile peut fervir aux plus faints
comme aux plus mauvais ufages, & que fi le monde pare fes idoles pour les adorer, Dieu orne celles dont la Religion tire fes plus beaux exemples :
O France ! tu pleure ce riche ornement de ta Cour,
enfeveli fous le voile du double deüil qui te couvre, mais tu regrette encore davantage la bonne
odeur de fes vertus, que ce luftre paffager que la
mort a fait difparoître.

Dieu n'avoit pas feulement orné MADAME LA
DAUPHINE de ces graces trompeufes qui s'en-
volent avec le tems, *la gloire de la fille du Roi tiroit
fon principal éclat de fon interieur*, le Ciel avoit versé dans fon ame ces beautez divines, qui font les
veritables portraits de celles dont les beautez humaines ne font que les ombres : il avoit tracé fon

image plus vivement en son ame que sur sa personne, il l'avoit remplie de ces richesses, qui par leur durée marquent l'origine celeste d'où elles sortent, & qui sont dignes d'attirer les hommages de ceux qui ne revérent que les immortelles.

Ajoûtez à ces avantages, celui d'une heureuse fécondité : Le grand bonheur d'une Princesse, qui entre dans une Maison Royale, c'est de lui donner des heritiers de sa Couronne, la notre joignit cette bénédiction à toutes les autres ; la triste Rachel ne fut point obligée de dire à Jacob affligé, *Donnez-moi des enfans, ou je mourrai,* nous la vîmes trois fois Mere, réjoüir son Ayeul, son Epoux, & la France, & si le Ciel versa quelque amertume sur sa joye, la consolation suivit bien-tôt la disgrace.

Avoüons-le cependant, MESSIEURS, & ne souffrons pas qu'une bouche consacrée à la verité se permette rien qui la blesse ; la felicité de notre Princesse ne fut pas sans mêlange : de la source même de ses plaisirs, & de sa joye, couloit quelque amertume cachée dans son cœur ; Epouse, & Fille partagée entre ce qu'elle devoit à la Maison dont elle étoit sortie, & celle où elle étoit entrée, elle gemit en secret devant vous, ô mon Dieu, trempée de ses larmes, elle vous demanda par des vœux ardens & redoublez la fin d'une Guerre qui mît fin à celle dont elle étoit la sécrette Victime : Seigneur ! vous l'avez purifiée dans cette penible épreuve, elle n'a pas eu la consolation de voir tomber

les armes des mains qui lui étoient ſi cheres ! Mais
elle eſt morte avec cette douce eſperance , & l'ac-
compliſſement de ſes ſouhaits ſera peut - être le
fruit de ſon ſacrifice : le combat a été long , mais
il n'a été que la matiére des triomphes glorieux à ſa
vertu inviolablement attachée au nœud ſacré qui fit
toute ſa joïe , & toute ſa gloire , cette fidelle Rachel
mit ſous les pieds les Dieux de ſes Peres , & fit
ceder les interêts de Laban à ceux de Jacob ; elle
ſurmonta tout ce qui fut contraire à ſes inclina-
tions , ou mit un voile de prudence ſur ce qu'elle ne put vaincre. Vraiement digne de nos admi-
rations , d'avoir ſçû joindre aux agréemens de la
jeuneſſe , de la naïveté , de l'enjouement , de la
pudeur & de l'innocence , cette ſcience ordinairement triſte & ſerieuſe dans les politiques.

Mais ce qui mit le comble au bonheur d'A D E-
L A I D E , c'eſt qu'avec toute la tendreſſe de ſon
Epoux , elle mérita l'eſtime & l'affection de
L O U I S L E G R A N D , vous le ſçavez ,
M E S S I E U R S , ce Heros chargé du fardeau du monde , ſe délaſſoit dans l'entretien de
notre Princeſſe. Ce Prince ſi ſerieux , ſi Grand , ſi
Auguſte, ſe ſoulageoit du poids de ſes penſées dans
la converſation de M A D A M E L A D A U P H I N E ;
il ſe plaiſoit à voir les graces de l'eſprit mêlées dans
ſes maniéres, avec celles de la gayeté, de la vertu, &
de l'innocence ; il aimoit dans ſa bouche ces noms
tendres , & ces douces expreſſions de l'amour filial,
où l'alliance emprunte la voix de la nature ? Pour-

quoi revenez-vous, flateufes images, vous reprefen-
ter à nos efprits affligez. Il a fallu, Messieurs,
vous montrer la figure du monde par ce qu'elle a de beau
pour vous en découvrir toute l'illufion; fi elle vous a
ébloüi par fon éclat, qu'elle vous inftruife par la
rapidité qui l'emporte. Voilà l'état floriffant où
la mort a furpris Madame la Dauphine,
vous parlerai je ou laifferai-je parler, la force d'un
fi grand exemple; en vain tracerois-je toutes ces
vives images de fragilité femées dans les Livres
Saints, la fleur de la beauté mourante, qui feche
du matin au foir, le Courier qui paffe, l'oifeau qui
fend les airs, la nef qui coupe les flots, l'ombre
qui difparoît, la feüille qui tombe, le vêtement
qui s'ufe, la goûte de rosée qui fond au Soleil:
Hà, Messieurs! la chofe même n'eft-elle
pas plus touchante que l'image. O monde! pour-
ras-tu nous feduire encore par tes charmes, quand
une mort fi trifte, nous en découvre la vanité,
elle eft terrible cette mort, pour l'Anachorete blanchi dans le fond des déferts, fous le fac & le cilice,
que fera-ce pour une jeune Princeffe, qui au prin-
tems de la vie n'a vû cette mort que dans l'éloignement, où la jeuneffe la montre. Helas! celles de fon rang encensées & adorées de toutes parts,
fe flattent prefque d'être immortelles, parce qu'on
les regarde comme les divinitez du monde; cependant, c'eft au milieu de ces adorations & de
ces hommages de la Cour & du monde, que notre
Princeffe s'eft fenti frappée du coup mortel. Nous
ayons

avons vû cette riante & jeune Princesse, aux prises
avec ce spectre horrible d'une mort imprévûë, &
donner sans y penser à son illustre Epoux, l'exemple du combat & du triomphe.

Vous retracerai-je ici, l'image de cette Heroïne
Romaine si connuë, presentant à son Epoux le
poignard qu'elle tire de son sein, en lui disant :
Tiens, Petus, il ne fait point de mal : Non, MES-
SIEURS, la Religion Chrêtienne deteste au lieu
de loüer ces affreuses extremitez du desespoir ; elle regarde comme de faux braves, ces Heros sup-
posez, qui succombent sous l'accablement du malheur dont ils semblent triompher ; elle veut que le
dépost d'une vie reçûë des mains de Dieu, lui soit
rendu par ses ordres ; mais elle admire une jeune
PRINCESSE, qui au plus beau de ses jours, au
milieu des Sceptres, des Diadêmes, des Grandeurs
& de la joie, voit approcher d'elle sans pâlir, une
mort violente & imprévûë, qui prend de saintes
précautions pour se purifier dans le sang de JESUS-
CHRIST, lorsque le trouble de l'ame laisse si
peu de place aux soins du salut, & qui munie de
toutes les forces de la Religion, contre ce dernier
assaut, presente à son Epoux, non pas l'épée fu-
mante de son sang, mais l'image d'une mort Chrêtienne, dont elle lui trace l'exemple.

Helas, MESSIEURS ! à peine l'une a-t-elle
fermé les yeux, que l'autre sent affoiblir la lumiére des siens, & parmi le bruit de cette funeste nouvelle, MADAME LA DAUPHINE est morte :

L

on entend ces tristes paroles, MONSEIGNEUR LE DAUPHIN se meurt. Mais quoi! entrerai-je dans ce profond abîme d'affliction, les couleurs & les traits me manquent pour ce triste Tableau, & ma langue se refuse à un si triste ministere. Ha Seigneur! vous nous avez donné un breuvage de pleurs qui passe la mesure de notre constance; vous avez ajoûté playe sur playe, & douleur sur douleur. *Appellons-donc encore celles qui lamentent aux Funerailles des morts, remplissons l'air de nos gemissemens, que nos yeux se changent en des sources de larmes, & que nos paupiéres soient inondées de pleurs.* Representez-vous, MESSIEURS, ce reste de clarté que les astres répandent dans la nuit obscurcie par d'épais nuages, & un grand voile de deüil étendu sur la face du Ciel, qui ajoûte l'horreur à l'obscurité des ténébres : Image de la France désolée, par la perte de sa Princesse, & succombant sous le nouveau fardeau d'un coup qui lui ôte un Prince ses plus belles espérances : Mais plutôt voyons sortir le plus beau jour du sein des tenebres; & l'astre qui paroît s'éclipser dans le tombeau, brillant des plus vives lumieres de la grace. Reconnoissons les triomphes secrets de la Religion, sous les plus tristes objets de la nature, & les glorieuses épreuves dont la main de Dieu purifie nôtre DAUPHIN, dans les coups redoublez dont elle nous frape.

Il ne s'étoit rendu qu'avec peine à la violence qui l'avoit éloigné de la Princesse, si des ordres toûjours sacrez pour lui, ne lui avoient ôté la li-

berté de suivre les mouvemens de son cœur, il eût
fermé les yeux à toutes les suites des tendres &
derniers devoirs qu'il eût voulu lui rendre ; mais
contraint de ceder à des précautions, helas trop
inutiles en s'arrachant du sein de son Epouse mourante, il s'étoit fait redire toutes les circonstances
de sa mort, il s'étoit fait representer dans un recit fidelle redemandé plus d'une fois, ce qu'il ne lui avoit
pas été permis de voir, soit que la delicatesse de
son amour ne pût souffrir qu'un éloignement forcé, épargnât quelques traits de sensibilité à sa douleur, soit qu'un pressentiment secret de sa fin pro-
chaine, lui en fit faire comme l'essai dans une image si vive & si douloureuse.

Aussi tôt que ce Prince se sentit frappé, il entendit la voix de Dieu qui l'appelloit ; il ne fallut
point lui adoucir cette triste nouvelle, & cette réponse de mort, il se la fit à lui-même ; il ne se trou-
bla point aux approches de ce que la nature appelle la plus terrible des choses, des terribles, & que
la Religion nomme un doux sommeil : Il ne fut
point effraïé d'aller dormir dans la poussiére, avec
les Princes de la Terre. Helas ! il avoit eu le tombeau bien plus present à l'esprit que le Trône, &
il s'étoit regardé bien moins comme un Prince né
pour regner, que comme un homme né pour
mourir : dès qu'il entendit heurter à sa porte, il
ouvrit sans peine à son Juge, parce qu'il s'étoit ef-
forcé de se le rendre propice ; mais il ne s'arma
point d'une fermeté qui brave ce qu'il faut crain-

dre, & qui eft plutôt une prefomption de la nature, qu'une confiance de la grace ; entre la crainte des Jugemens de Dieu, & l'efperance de fes mi-
fericordes, il vit les préparatifs de fon facrifice,
& la main du Seigneur, prête à le frapper : il lui
dit avec une foûmiffion paifible, que s'il lui falloit
une Victime, il lui prefentoit fa tête, en lui de-
mandant, qu'il en épargnât une plus précieufe,
pour lui que mille vies ; plein de ces fentimens, il
demanda le Miniftre de paix & de reconciliation,
il fe jetta pour la derniére fois dans cette Pifcine
facrée, où l'Ange du Seigneur le plongeoit deux
fois le mois, moins pour laver de legeres taches,
que pour donner à fon ame cét éclat de beauté,
que le fang de l'Agneau ajoûte à la pureté de l'innocence ; il n'eut point à débroüiller le cahos té-
nébreux d'une confcience embaraffée, & dont la
négligence a laiffé vieillir les cicatrices, & toutes
les années de fa vie repaffée dans fon efprit, mêle-
rent la douceur de l'efperance à l'amertume de la
contrition. Quels actes de Religion ne forma-
t-il point dans ces courts intervalles, que la violence du mal laiffoit à la raifon ? Il fentit les combats fecrets que le vainqueur de la mort éprouva,
& la repugnance à boire le calice prefenté, mais il
fouhaitta que la volonté du Seigneur & non pas la
fienne fût accomplie ; dans le profond filence de la
nuit, à laquelle devoit fucceder pour lui le grand
jour de l'éternité ; il fit célébrer dans fa Chambre
les facrez myfteres, & il recüeillit toute la force

de son esprit pour y assister avec une révérence qui
tira des larmes de tous ceux qui furent presens à
ce triste, mais édifiant spectacle : il voulut que son
sacrifice fût joint à celui de l'Agneau, prêt de se
réunir avec les Esprits bienheureux qui environnent son Trône ; il jetta d'avance sa Couronne à
ses pieds, il s'envelloppa dans la fumée de l'holocauste, & se nourrit de sa chair adorable.

Ainsi moururent ADELAIDE & LOUIS,
évenement singulier, & peut-être inoüi, dans la
place qu'ils remplissoient si dignement. Malheur
que la providence a permis pour humilier la France, autant qu'il l'a élevée : Cependant ce Dieu terrible sur les enfans des hommes, n'a pas été pleinement satisfait par ces deux grandes Victimes,
lorsqu'il sembloit nous avoir précipitez jusqu'au
plus profond abîme de l'affliction, il y creuse pour
ainsi dire, un nouveau dégré pour nous faire tomber plus bas, quand de la même main dont il
vient de frapper le Perè & la Mere de deux Augustes Princes, il enleve l'un & n'épargne l'autre
qu'après nous avoir tenu long-tems entre la crainte & l'esperance. *Pour cette derniere étincelle* qu'il
nous a menacez d'éteindre : qui de nous ne trem-
blera à ces marques d'un Dieu irrité, tonnant &
foudroyant sur nos têtes ; dans quelle l'étargie
assez profonde le pecheur sera-t il enseveli, pour
n'être pas reveillé par ces grands éclats de la justice Divine. Ouvrons les yeux & voïons l'Ange
exterminateur sur la Montagne avec un glaive de

feu qui nous menace encore. Toutes les morts des Grands découvrent au monde la vanité de ſes grandeurs ; mais ces trois coups redoublez l'un ſur l'autre, font une ſingularité de malheur, qui donne une force toute nouvelle à une leçon d'elle-même ſi touchante. Qui que vous ſoïez, Rois, Princes, Peuples, humiliez-vous, & que chacun r'entre en ſoi-même : funeſte retranchement de l'Impie, qui ne veut voir que des revolutions ordinaires de la vie humaine, dans ces caracteres ſi marquez du doigt de Dieu, qui l'appelle à la pénitence ; mais en quelle region ſi écartée & ſi inconnuë ſe peut-il égarer, où ce dernier éclat de tonnerre ne ſe faſſe entendre.

Cependant nos diſgraces quelques grandes qu'elles ſoient, nous preſentent un côté favorable par lequel nous pouvons les conſiderer : de trois grands Princes, l'un eſt couronné dans le Ciel, l'autre regne ſur la Terre, & le dernier nous demeure pour nous conſoler d'avoir perdu l'un & l'autre : la foudre eſt tombée ; nous eſperons le calme après la tempête, déja nous voyons paroître le ſigne de la reconciliation du Ciel avec la Terre ; l'Arc ſans fléches ſe montre dans la nuë, peinte d'une brillante varieté de couleurs, image de la joïe de l'abondance qu'il nous annonce : nous ſoûpirons tous pour cette Paix tant deſirée, mais que nous ſervira de l'avoir entre les hommes, ſi nous ne l'avons pas nous mêmes avec Dieu.

Nous mourons tous, & comme des eaux cou-

rantes, nous allons nous jetter dans cét abîme où
les fleuves si vantez comme les ruisseaux inconnus
se confondent : mais toutes ces eaux qui semblent
se perdre dans l'Ocean s'y conservent. Ainsi l'homme immortel prend la place du mortel. Tout
l'homme subsiste dans l'observateur des comman-
demens ; quand tout l'homme sujet à la vanité est
aneanti. Cherchons-donc en Dieu l'appuy iné-
branlable de notre foiblesse ; regardons comme le
souverain mal, le péché, qui en nous separant du
souverain bien nous le fait perdre. A la vûë de ces
grandeurs du premier Ordre détruites, apprenons
à mépriser nos petites élevations, cherchons une
grandeur solide qui nous éleve audessus des Princes
de la Terre en servant avec fidelité le Roi éternel,
à qui servir c'est regner, & pour ne pas craindre la
mort, attachons-nous à celui qui est la resurrection & la vie.

F I N.

BIBLIOTHEQUE ROYALE